特別支援教育　講義ノート

山本智子著

開成出版

「特別支援教育」を学ぶみなさんに

　「特別支援教育」は、教職課程の必修科目になりました。今日、特別な支援を必要とする子どもにかかわる教育が就学前教育から中等教育にわたる課程全般において必要になってきたためです。

　「特別支援教育」には、病気や障がいのある子どもの教育をはじめとしまして、外国にルーツのある子どもの教育、ならびに、経済的な支援を必要とする子どもの教育が含まれます。学校に登園・登校する多様な子どもたちに教職員として専門的にかかわるために必要な知識や技能に関して学習することになります。

　「特別支援教育」の学習を進めるためには、多様な子どもたちと実際にかかわる経験を重ねる必要もあります。「特別支援教育」は、授業で学習する知識および技能を基礎として、一人ひとりの子どもごとにその時々に検討され続ける必要があります。よりよい教育が子どもとの関係の間に在ることは教育全般と同様でありますが、「特別支援教育」ではこのことがより重要であると考えられるように思います。「特別支援教育」で学習した知識や技能を子どもたちとかかわる実践の過程で役立ててくれることを願っています。

　教育にかかわる専門職を志望するみなさんが「特別支援教育」を子どもたちとともに発展させてくれますことを心から応援しています。

著者
国立音楽大学　音楽学部
准教授
教職課程
山本　智子

目次

「特別支援教育」第1講

ガイダンス

1. 今日の目標
 (1)「特別支援教育」の目的、内容、方法および評価について説明できる。
 (2)「特別支援教育」について考えることができる。

2. 目的

3. 内容

4. 方法

 講義、課題の検討。

5. 評価

 試験、課題、参加態度を総合的に評価。

6. 「特別支援教育」と私

「特別支援教育」第2講

　　　　特別支援教育の基礎1：　背景、考え方、制度、条件整備

1.　今日の目標
（1）特別支援教育の考え方、制度および条件整備について説明できる。

2.　子どもをめぐる状況の変化
（1）障害のある子どもの<u>量</u>的規模（文部科学省「特別支援教育資料」参照。）
　・　　　　　　　　　年代半ば以降、増加傾向。
　　　2016年度　特別支援教育を受ける児童生徒割合　　　　　　　　％（およそ　　人に1人）
　　　　特別支援学校在籍割合　　　　　　　％
　　　　特別支援学級在籍割合　　　　　　　％
　　　　通級による指導を受ける割合　　　　　　　％

　・特別支援学校小・中学部の在籍者に占める、障害の<u>重度化</u>進行。
　　　2016年度　重複障害学級在籍者比率　　　　　　　％

　・福祉、医療、労働等、外部の関係機関との連携が不可欠。

（2）障害者施策をめぐる国内外の動向
　1）国際社会
　　　1992（平成4）年　アジア太平洋障害者の10年　　　決議。
　　　1993年　障害者の機会均等化に関する標準規則　　　採択。
　　　1994年　　　　　　　　　　　　宣言　採択　（「　　　　　　　　のための教育」提唱）。
　　　2006（平成18）年　　　　　　　　　　の権利に関する条約　採択。

2）日本

1947 年　児童福祉法　制定。

1949 年　身体障害者福祉法　制定。

1950 年　精神保健及び精神障害者福祉に関する法律　制定。

1960 年　知的障害者福祉法　制定。

1970 年　障害者基本法　制定。

2002（平成 14）年　障害者基本計画　　閣議決定。

2003 年　今後の特別支援教育の在り方について　　報告。

2004 年　　　　　　　　　　　　　改正。

　　　　　　　　　　　　　　　　　制定。

2005 年　障害者自立支援法　制定。

　　　　　中央教育審議会答申　特別支援教育を推進するための制度の在り方について。

2006 年　　　　　　　　　　　　　改正。

　　　　　障害のある者に対する教育上の支援について規定。

　　　　　高齢者、障害者等の移動等の円滑化の促進に関する法律（　　　　　　　　　　）

　　　　　制定。

2013 年　　　　　　　　　　　　　制定。

　　　　　障害者自立支援法　を　　　　　　　　　　　　　　　に改定。

　　　　　地域社会における共生の実現に向けて新たな障害保健福祉施策を講ずるため

　　　　　の関係法律の整備に関する法律　施行。

2014 年　　　　　　　　　　　　　　　　　批准。

(3) 外国につながりのある子ども

日本国憲法では義務教育の対象は「国民」と規定。

一方、日本では、外国人材の受け入れの拡大が進行。

　外国（中国、韓国、フィリピン等）にルーツのある児童が半数以上を占める小学校も。

　日本語をほとんど話せない児童生徒の就学に課題。

　　公立小中高校に通学する日本語指導が必要な児童生徒数：　4 万 3,947 人（2016 年）

　　公的な学校に通学していない児童生徒：　1 万人以上　と指摘。

　最終的な判断は地方自治体や学校に委ねられる。

　NPO 法人による支援教室等の通学による支援を得られる場合も。

（4）貧困家庭の子ども

　　日本の子どもの相対的貧困率：　　　　　　　　　　％　　（2012 年）

　　　　　　　　　　　　　　　　　　　　子ども　　　　　　人に 1 人が相対的貧困。

　　2014 年　　　　　　　　　　　　　　に関する法律　施行。

　　経済的、文化的、社会的課題
　　　　学習支援：　居場所、食事、塾、相談等。

3. 特別支援教育の考え方
（1）特殊教育から特別支援教育へ
　　2003 年　今後の特別支援教育の在り方について　報告
　　　・特殊教育諸学校（盲・聾・養護学校）もしくは特殊学級に在籍する、または通級に
　　　　よる指導を受ける児童生徒の比率が近年増加。
　　　・重度・重複障害のある児童生徒が増加、
　　　　LD，AD/HD 等、通常の学級において指導される児童生徒への対応が課題に。
　　　・対象児童生徒の量的拡大傾向、障害種の多様化による質的な複雑化の進行。

　　　→障害の程度等に応じ特別の場で指導を行う「特殊教育」から、
　　　　障害のある児童生徒一人ひとりの教育的ニーズに応じて適切な教育的支援を行う
　　　「特別支援教育」への転換が必要。

　　「特別支援教育」の概念
　　　「従来の特殊教育の対象の障害だけでなく、LD，AD/HD、高機能自閉症を含めて
　　障害のある児童生徒の自立や社会参加に向けて、その一人ひとりの教育的ニーズを
　　把握して、その持てる力を高め、生活や学習上の困難を改善または克服するために、
　　適切な教育や指導を通じて必要な支援を行うもの。」

（2）特別支援教育の制度構想
　　2005 年　中央教育審議会答申　特別支援教育を推進するための制度の在り方について。

　1）盲・聾・養護学校制度の見直し　　　専門の学校をどうするか。
　　　・幼児児童生徒の障害の程度・重複化に対応し、一人ひとりの教育的ニーズに応じて
　　　　適切な指導および必要な支援を行うことができるよう、盲・聾・養護学校を、
　　　　障害種別を超えた学校制度（特別支援学校）に転換。
　　　・特別支援学校の機能として、小・中学校等に対する支援を行う地域の特別支援教育の
　　　　センターとしての機能を明確に位置づける。

2）小・中学校における制度的見直し　　通常の学校でも行われる。
　　・通級による指導の指導時間および対象となる障害種を弾力化し、LD（学習障害）、
　　AD/HD（注意欠如/多動性障害）を新たに対象とする。
　　・特殊学級（当時。現行では「特別支援学級」に名称変更。）と通常の学級における
　　交流および共同学習を促進。
　　　特殊学級担当教員の活用による LD、AD/HD 等の児童生徒への支援を行うなど、
　　特殊学級の弾力的な運用を進める。

3）教員免許制度の見直し　　一本化する。
　　・盲・聾・養護学校の種別ごとに設けられている教員免許状を、障害の種類に対応し
　　た専門性を確保しつつ、LD, AD/HD、高機能自閉症等を含めた総合的な専門性を
　　担保する「特別支援学校教員免許状」に転換。

（3）制度改革の展開
　　2006 年　学校教育法等　改正
　　・盲学校、聾学校および養護学校を特別支援学校に。
　　・特殊学級の名称を特別支援学級に変更、
　　小・中・高および中等教育学校にこれを設けることができることに。
　　・盲学校、聾学校および養護学校ごとの教員の免許状を特別支援学校の教員の免許状
　　に。

4．特別支援教育の制度
（1）特別支援学校
　　2006 年　学校教育法　改正
　　学校教育法第 72 条　特別支援学校の目的
　　　「視覚障害者、聴覚障害者、知的障害者、肢体不自由または病弱者（身体虚弱を含
　　む）に対して、幼稚園、小学校、中学校または高等学校に準ずる教育を施すとともに、
　　障害による学習上または生活上の困難を克服し自立を図るために必要な知識技能を
　　受けることを目的とする。」

　　2007 年　文部科学省通知　「特別支援教育の推進について」
　　・様々な障害種に対応することができる体制づくりや、学校間の連携等を一層進行。
　　・幼稚園、小学校、中学校、高等学校および中等教育学校の要請に応じて、発達障害
　　を含む障害のある幼児児童生徒のための個別の指導計画の作成や個別の教育支援
　　計画の策定等への援助を含め、その支援に努める。
　　　（地域におけるセンターとしての機能）

学校教育法第 80 条　　特別支援学校の設置義務
　「都道府県は、その区域内にある学齢児童および学齢生徒のうち、視覚障害者、聴覚
　障害者、知的障害者、肢体不自由者または病弱者で、その障害が（中略）政令で定め
　る程度のものを就学させるに必要な特別支援学校を設置しなければならない。」
2005 年　中央教育審議会　答申
　・名称は、これまでと同様、「盲学校」、「聾学校」または「養護学校」と称すること
　も可能。

(2) 通常の学級における特別支援教育
1)　　　　　　　　　　　　　　　特殊学級から名称変更、通常の学校における主要な場。
　・障害の比較的軽い子どものために、小・中学校に障害の種別ごとに置かれる少人数の
　学級（文部科学省）。
　・知的障害、肢体不自由、病弱・身体虚弱、弱視、難聴、言語障害および情緒障害の
　学級がある。

　学校教育法第 81 条第 2 項　　義務ではない。
　「小学校、中学校、高等学校および中等教育学校には、次の各号のいずれかに
　該当する児童および生徒のために、特別支援学級を置くことができる。
　　1.知的障害者　2.肢体不自由者　3.身体虚弱者　4.弱視者　5.難聴者
　　6.その他の障害のある者で、特別支援学級において教育を行うことが適当なもの。」

2)　　　　　　　　　　　　　　　通常の学級、軽度の障害のある児童生徒に実施。
　・小・中学校の通常の学級に在籍している障害の軽い子どもが、ほとんどの授業を通常
　の学級で受けながら。障害の状態等に応じた特別の指導を特別な場で受ける指導形態。

　学校教育法施行規則第 140 条　　当該障害に応じた特別の指導と表現。
　「小学校もしくは中学校または中等教育学校の前期課程において、次の各号のいずれ
　かに該当する児童または生徒のうち当該障害に応じた特別の指導を行う必要がある
　ものを教育する場合には、（中略）特別の教育課程によることができる。
　　1.言語障害者　2.自閉症者　3.情緒障害者　4.弱視者　5.難聴者　6.学習障害者
　　7.注意欠陥/多動性障害者　8.その他の障害のある者で、この条の規定により特別
　の教育課程による教育を行うことが適当な者。」

特別支援学級在籍者の障害種　文部科学省「特別支援教育資料」
　知的障害 48.8%　自閉症・情緒障害 45.9%　肢体不自由 2.0%　病弱・身体虚弱 1.5%
言語障害 0.8%　難聴 0.7%　弱視 0.3%

通級による指導の障害種　文部科学省「特別支援教育資料」
　通常の学級に在籍する、軽度の障害のある児童生徒に対しては、通級による指導実施。

　・小・中学校の通常の学級に在籍している障害の軽い子どもが、ほとんどの授業を通常
の学級で受けながら、障害の状態等に応じた特別の指導を特別な場で受ける授業形態。

　学校教育法施行規則第140条　通級による指導　当該障害に応じた特別の指導と表現。
　「小学校もしくは中学校または中等教育学校の前期課程において、次の各号のいずれ
　かに該当する児童または生徒のうち当該障害に応じた特別の指導を行う必要がある
　ものを教育する場合には、（中略）特別の教育課程によることができる。
　　1.言語障害者　2.自閉症者　3.情緒障害者　4.弱視者　5.難聴者　6.学習障害者
　　7.注意欠陥/多動性障害者　8.その他障害のある者で、この条の規定により特別の
　　教育課程による教育を行うことが適当な者。」

　通級による指導対象者の障害種　文部科学省「特別支援教育資料」
　　言語障害 37.4%　AD/HD17.2%　自閉症 16.1%　LD14.8%　情緒障害 12.0%
　難聴 2.1%　弱視 0.2%　肢体不自由 0.1%　病弱・身体虚弱 0.1%

5.　条件整備
（1）教科書、学級編制
　1）教科書　　　教科用図書の使用義務化、特例を認定。
　　　学校教育法第 34 条第 1 項
　　　　「小学校においては、文部科学大臣の検定を経た教科用図書または文部科学省が
　　　　著作の名義を有する教科用図書を使用しなければならない。」

　　　「学校教育法」第 82 条
　　　　「この規定は、特別支援学校にも準用される。」

　　　文部科学省が作成している教科書としては、
　　　①視覚障害者用の点字教科書、
　　　②聴覚障害者用の言語指導や音楽の教科書、
　　　③知的障害者用の国語、算数、音楽の教科書　がある。

「学校教育法附則」第9条

「特別支援学校ならびに特別支援学級においては、当分の間、第34条1項の規定に
かかわらず、文部科学大臣の定めるところにより、第34条1項に規定する
を使用することができる。」

「特別支援学校への就学奨励に関する法律」第2条

「特別支援学校の高等部については、通常の高等学校とは異なり、
の購入費用の全部または一部が支弁される。」

2) 特別支援学校の学級編制　　　　標準は通常の学校と異なる。原則は障害の種別ごと。
「学校教育法施行規則」第121条第3項

「特別支援学校の小学部、中学部または高等部の学級は、（中略）　　　　障害者、
　　　障害者、　　　障害者、　　　　　　　または　　者の別ごとに編成するもの
とする。」
「学校教育法施行規則」第121条第2項
「幼稚部でも同様である。」

「学校教育法施行規則」第120条　　　　（　）内は標準法　　　学級規模の標準
①幼稚部

・　　　　人以下
②小・中学部
・視覚障害者または聴覚障害者の教育を行う学級は　　　　人以下（6人）。
・知的障害者、肢体不自由者または病弱者に対する教育を行う学級は　　人以下
（ただし、障害を2以上併せ有する重複障害者で学級を編成する場合は3人）。
③高等部
・　　　　以下（8人）
（ただし、障害を2以上併せ有する重複障害者で学級を編成する場合は3人）。

標準法：「公立義務教育諸学校の学級編制および教職員定数の標準に関する法律」
第3条第3項。
「高等学校の適正配置および教職員定数の標準等に関する法律」第14条。

3) 特別支援学級の学級規模の標準　　　　通常の小・中学校の特別支援学級の場合
「学校教育法施行規則」第136条

「（中略）特別支援学級の1学級の児童または生徒の数は、（中略）　　　人以下を
標準とする。」

「公立義務教育諸学校の学級編制および教職員定数の標準に関する法律」第3条第2項
　　「　　　　人が基準。」

(2) 教職員、就学奨励
　1) 教員免許状
　　2006年　「学校教育法」改正
　　　　盲、聾、養護学校ごとに分けられていた教員免許状が、　　　　　　　　　教諭免許状に
　　一本化。

　　　特別支援学校教諭免許状は、教授可能な　　　　　　　　　　　　を特定して授与される。
　　　視覚障害者に関する教育等。

　　「教育職員免許法」第3条第3項
　　　　「特別支援学校の教員については、（中略）特別支援学校の教員の免許状のほか、
　　特別支援学校の各部に相当する学校の教員の免許状を有する者でなければならな
　　い。」
　　　　「ただし、当分の間は、特別支援学校教諭の免許状がなくても、各部に相当する
　　学校の教員免許状のみで足りる。」

　　　特別支援学級や通級による指導を担当する教員は、小学校ないしは中学校教諭の
　　免許状を取得していればよい。

　2)　　　　　　　義務　　　　法定化
　　教育公務員特例法第21条第1項
　　　　「教育公務員は、その職責を遂行するために、絶えず研究と修養に努めなければ
　　ならない。」

　　教育公務員特例法第21条第2項
　　　　「教育公務員の任命権者は、教育公務員の研修について、それに要する施設、研修
　　を奨励するための方途その他研修に関する計画を樹立し、その実務に努めなけれ
　　ばならない。」

　　　特別支援教育担当教員の研修を行う施設としては、独立行政法人・国立特別支援教育
　　総合研究所や、各都道府県等の特別支援教育センター等がある。

3)　　　　　　　　　　　法規定

「教育基本法」第4条第2項
　「国および地方公共団体は、障害のある者が、その障害の状態に応じ、十分な教育
　を受けられるよう、教育上必要な支援を講じなければならない。」

「特別支援学校への就学奨励に関する法律」第2条第1項
　特別支援学校に子どもを通わせる保護者に対しては、
①教科用図書の購入費、
②学校給食費、
③通学または帰省に要する交通費および付添人の付添に要する交通費、
④学校附設の寄宿舎居住に伴う経費、
⑤修学旅行費、
⑥学用品の購入費　の全部または一部が支給される。
　小・中学部は②～⑥、高等部は①～⑤が助成の対象になる。

「特別支援学校への就学奨励に関する法律」第4条
　「就学奨励を行うのは　　　　　　　　　であるが、都道府県が支弁する経費の
　　　　　　　　　　　　　　　　　　　　　　　　負担する。」

特別支援教育の基礎 2： 対象になる子ども、就学の過程

1. 今日の目標
（1）対象となる幼児児童生徒、就学の過程について説明できる。

2. 対象となる幼児児童生徒
（1）特別支援学校の対象 　　義務教育段階
　　1）特別支援学校
　　　知的障害、肢体不自由、聴覚障害、病弱、視覚障害、重複障害

　　2）小学校・中学校
　　　①特別支援学級
　　　　　知的障害、自閉症・情緒障害、肢体不自由、身体虚弱、言語障害、難聴
　　　②通常の学級 　　通級による指導
　　　　言語障害、注意欠陥/多動性障害、自閉症、学習障害、情緒障害、難聴、弱視、
　　　肢体不自由、病弱・身体虚弱

（2）特別支援学校の対象となる障害の程度
　　学校教育法施行令第 22 条の 3
　　　・視覚障害者
　　　　両眼の視力がおおむね 　　　　未満のものまたは視力以外の視機能障害が高度な
　　　もののうち、拡大鏡等の使用によっても通常の文字、図形等の視覚による認識が不
　　　可能または著しく困難な程度のもの。

　　　・聴覚障害者
　　　　両耳の聴力レベルがおおむね 　　　デシベル以上のもののうち、補聴器等の使用
　　　によっても通常の話声を解することが不可能または著しく困難な程度のもの。

　　　・知的障害者
　　　　1）知的発達の遅滞があり、他人との意思疎通が困難で日常生活を営むのに頻繁
　　　　　に援助を必要とする程度のもの。
　　　　2）知的発達の遅滞の程度が前号に掲げる程度に達しないもののうち、社会生活
　　　　　への適応が著しく困難なもの。

・肢体不自由者
　　1）肢体不自由の状態が補装具の使用によっても歩行、筆記等日常生活における基本的な動作が不可能または困難な程度のもの。
　　2）肢体不自由の状態が前号に掲げる程度に達しないもののうち、常時の医学的観察指導を必要とする程度のもの。

・病弱者
　　1）慢性の呼吸器疾患、腎臓疾患および神経疾患、悪性新生物その他の疾患の状態が継続して医療または生活規制を必要とする程度のもの。
　　2）身体虚弱の状態が継続して生活規制を必要とする程度のもの。

学校教育法施行令第 11 条第 1 項
　「市町村の教育委員会は、上記の程度の障害を有する児童生徒のうち、特別支援学校に就学させることが適当であると認める者について、都道府県の教育委員会に対し、翌学年の初めから 3 月前までに、その氏名および特別支援学校に就学させるべき旨を通知しなければならない。」

3．就学の過程
（1）就学制度
　　学校教育法施行令第 11 条第 1 項
　　　「市町村の教育委員会は、（中略）認定特別支援学校就学者について、都道府県の教育委員会に対し、翌学年の初めから 3 月前までに、その氏名および特別支援学校に就学させるべき旨を通知しなければならない。」

　　認定特別支援学校就学者：学校教育法施行令第 22 条の 3 が規定する程度に該当する障害のある者のうち、特別支援学校に就学させることが適当であると認められる者をいう。

（2）就学先の決定　　　保護者、専門家　慎重な検討
　　市町村の教育委員会が、障害のある就学予定者の就学先を決定すること：

　　2002 年　文部科学省通知　「障害のある児童生徒の就学について」
　　　「障害のある児童生徒の就学すべき学校の決定およびその障害の判断（中略）。特に、障害の判断にあたっては、障害のある児童生徒に最もふさわしい教育を行うという視点に立って、教育学、医学、心理学等の観点から専門家の意見を聴いた上で総合的かつ慎重に行うこと。」

学校教育法施行令第 18 条の 2
　「就学指導に際しては、<u>保護者の意見の聴取</u>も<u>義務</u>づけられている。」

学校教育法第 18 条　　　重度障害　就学困難、就学猶予・免除
　「保護者が就学させなければならない子で、病弱、発育不完全その他やむをえない
　事由のため、就学困難と認められる者の<u>保護者</u>に対しては、<u>市町村</u>の教育委員会は」、
　就学の「<u>義務</u>を<u>猶予</u>または<u>免除</u>することができる。」

1979 年　養護学校義務化　知的障害、肢体不自由、就学猶予・免除多数。
　近年、外国籍の子どもが多数に。

健康診断、障害判明、就学指導
　特別支援学校就学基準該当　→　特別支援学校
　特別支援学校就学基準非該当　→　通常の学校　特別支援学級、通級による指導
　重度の障害のため就学困難　→　就学猶予・免除

特別支援教育の基礎3：　教育課程、個別計画

1.　今日の目標
（1）個別の教育支援計画、特別支援教育の教育課程について説明できる。

2.　個別の教育支援計画
（1）個別の　　　　　　　　　　（第5講）と個別の
　　　2012年　　　　　　　　　　　　　策定
　　　「障害のある子どもの発達段階に応じて、関係機関が適切な役割分担の下に、一人
　　　ひとりのニーズに対応して適切な支援を行う計画（　　　　　　　　　　　　　）を
　　　策定して効果的な支援を行う。」

　　　「乳幼児期における家庭の役割の重要性をふまえた早期対応、学校卒業後の自立や
　　　社会参加に向けた適切な支援の必要性に鑑み、（中略）障害のある子どもやそれを
　　　支える保護者に対する乳幼児期から学校卒業後まで一貫した効果的な
　　　体制の構築を図る。」

　　　2008年　文部科学省・厚生労働省「障害のある子どものための地域における相談支援
　　　体制整備ガイドライン（試案）」
　　　　　　　　　　　　　　　　：乳幼児期から学校卒業後までの長期的な視点に立って、医療、保健、
　　　　　　　　　　　　　　　福祉、教育、労働党の関係機関が連携して、障害のある子ども一人
　　　　　　　　　　　　　　　ひとりのニーズに対応した支援を効果的に実施するための計画。

　　　　　　　　　　　　　　　　：「個別の支援計画」に含まれるものであり、「個別の支援計画」
　　　　　　　　　　　　　　　を教育機関が中心となって策定する場合の呼称。
　　　　　　　　　　　　　　　　子どもの就学期間中、主要な役割を果たす。

（2）個別の教育支援計画の概要
　　　2015年　国立特別支援教育総合研究所「特別支援教育の基礎・基本」
　　　　「個別の教育支援計画」は、障害のある子ども一人ひとりのニーズを正確に把握し、
　　　教育の視点から適切に対応していくという考え方の下、長期的な視点で、乳幼児期
　　　から学校卒業後までを通じて一貫して的確な支援を行うことを目的とする。

3. 特別支援教育の教育課程
（1）特別支援学校
　　1）教育課程の国家基準としての学習指導要領
　　　　学校教育法施行規則第 129 条
　　　　　　「特別支援学校の幼稚部教育課程その他の保育内容ならびに小学部、中学部および高等部の教育課程については、（中略）教育課程その他の保育内容または教育課程の基準として文部科学大臣が別に公示する特別支援学校幼稚部教育要領、特別支援学校小学部・中学部学習指導要領および特別支援学校高等部学習指導要領によるものとする。」

　　2）視覚障害者、聴覚障害者、肢体不自由者または病弱者である児童生徒に対する教育を行う特別支援学校の教育課程
　　　①小学部
　　　　小学校の各教科（国語、社会、算数、理科、生活、音楽、図画工作、家庭、体育、特別の教科　道徳、小学 5・6 年は外国語）、外国語活動（小学 3・4 年）、総合的な学習の時間、特別活動、自立活動。

　　　②中学部
　　　　中学校の各教科（国語、社会、数学、理科、音楽、美術、保健体育、技術・家庭、外国語、特別の教科　道徳）、総合的な学習の時間、特別活動、自立活動。

　　　③高等部
　　　　高等学校の各教科・科目（※）、総合的な学習の時間、特別活動、自立活動。
　　　　　※普通教育に関する各教科（国語、地理歴史、公民、数学、理科、保健体育、
　　　　　　　　　　　　　　　　　芸術、外国語、家庭、情報）

　　　　　※専門教育に関する各教科（農業、工業、商業、水産、家庭、看護、情報、福祉、
　　　　　　　　　　　　　　　　　理数、体育、音楽、美術、英語、保健理療、理療、
　　　　　　　　　　　　　　　　　理学療法（視覚障害者）、印刷、理容・美容、
　　　　　　　　　　　　　　　　　クリーニング、歯科技工（聴覚障害者））

　　　　：　特別支援学校の教育課程に設けられた独自の領域。（第 5 講参照。）

3) 知的障害者である児童生徒に対する教育を行う特別支援学校の教育課程
　学校教育法施行規則第 126 条第 2 項（小学部）
　学校教育法施行規則第 127 条第 2 項（中学部）
　学校教育法施行規則第 128 条第 2 項（高等部）

　①小学部
　　各教科（生活、国語、算数、音楽、図画工作、体育、特別の教科　道徳、外国語については必要がある場合に加えることができる。）、特別活動、自立活動。

　②中学部
　　各教科（国語、社会、数学、理科、音楽、美術、保健体育、職業・家庭、特別の教科　道徳、外国語については必要がある場合に加えることができる。）、総合的な学習の時間、特別活動、自立活動。

　③高等部
　　共通科目（国語、社会、数学、理科、音楽、美術、保健体育、職業、家庭、特別の教科　道徳、学校や生徒の実態を考慮して必要に応じて外国語と情報）、
　　専門科目（いずれか 1 以上履修すること）
　（家政、農業、工業、流通、サービス、福祉、学校設定教科）、
　　総合的な学習の時間、特別活動、自立活動。

(2) 特別支援学級、通級による指導
　1) 特別支援学級の教育課程
　　学校教育法施行規則第 138 条
　　　「小学校もしくは中学校または中等教育学校の前期課程における特別支援学級に係る教育課程については、特に必要がある場合」は、小学校・中学校の学習指導要領によらない、「　　　　　　　　教育課程によることができる。」

　　　　「その場合、　　　　　　　　の学習指導要領を参考に教育課程が編成される。」

　　学校教育法施行規則第 139 条
　　　「特別の教育課程による特別支援学級においては、文部科学大臣の検定を経た教科用図書を使用することが適当でない場合には、（中略）他の適切な　　　　　　　を使用することができる。」

2) 通級による指導を受ける児童生徒の教育課程　　　「障害に応じた特別の指導」
学校教育法施行規則第 140 条
「小学校もしくは中学校または中等教育学校の前期課程において、児童または生徒
の障害に応じた特別の指導を行う必要があるものを教育する場合は
教育課程によることができる。」

1993 年　文部省告示第 7 号
「この規定による特別の教育課程を編成するにあたっては、（中略）当該児童また
は生徒の障害に応じた特別の指導を、小学校または中学校の教育課程に加え、また
はその一部に替えることができるものとする。」

「障害に応じた特別の指導は、障害の状態の改善または克服を目的とする指導と
する。ただし、特に必要があるときは、障害の状態に応じて各教科の内容を補充
するための特別の指導を含むものとする。」

「通級による指導の指導時間は、年間 35～280 単位時間が標準。年間の授業週数
は 35 週であるから、週あたりにすると、1～8 単位時間が標準となる。」
「ただし、LD と AD/HD の児童生徒の指導時数は、年間 10～280 単位時間（月 1
～週 8 単位時間）が標準。」

言語障害、難聴、自閉症、弱視、情緒障害の順に、指導時数が多い。

「特別支援教育」第5講

特別支援教育の基礎4：　訪問教育、相談支援

1.　今日の目標
（1）個別の指導計画について説明できる。
（2）訪問教育、相談・支援のためのネットワークについて説明できる。

2.　個別の指導計画　　　自立活動　策定
　特別支援学校小学部・中学部学習指導要領「自立活動」
　　「自立活動の指導にあたっては、個々の児童または生徒の障害の状態や発達の段階等の
　　的確な把握に基づき、指導の目標および指導内容を明確にし、個別の指導計画を作成
　　するものとする。」

　　「その際、第2に示す自立活動の内容の中からそれぞれに必要とする項目を選定し、
　　それらを相互に関連付け、具体的に指導内容を設定するものとする。」

　特別支援学校学習指導要領解説「自立活動編」　　　作成の手順
　　「個々の児童生徒の実態（障害の状態、発達や経験の程度、生育歴等）を的確に把握」。

　　「個々の実態に即した指導の目標を明確に設定。」

　　「学習指導要領に示された自立活動の内容の中から、個々の指導の目標を達成させる
　　ために必要な項目を選定。」

　　「選定した項目を相互に関連づけて具体的な指導内容を設定。」

　2009年　国立特別支援教育総合研究所「特別支援教育の基礎・基本」
　　個別の教育支援計画との関係
　　　個別の指導計画：学校における教科等や自立活動について、指導の目標や内容を具体
　　　　　　　　的に示したもの。

　　　個別の教育支援計画：教育、福祉、医療、労働等の関係機関が連携しながら、障害の
　　　　　　　　ある子どものニーズに応じた支援を行うための、総合的な計画。

→教育を取り巻く福祉、医療、労働等の様々な分野の支援内容を含め、早期から就労
　　までを見据えた一貫した支援について記述された「個別の教育支援計画」をふまえ
　　て、より効果的で適切な「個別の指導計画」が作成される。

　小学校学習指導要領総則第 4 の 2　　　通常学校、障害児童生徒、個別の指導計画奨励。
　「障害のある児童等については、特別支援学校等の助言または援助を活用しつつ、例え
　ば指導についての計画または家庭や医療、福祉等の業務を行う関係機関と連携した
　支援のための計画を個別に作成することなどにより、個々の児童の障害の状態等に応
　じた指導内容や指導方法の工夫を計画的、組織的に行うこと。」

　公立学校の作成状況
　　個別の指導計画　　　幼 74.9%、小 94.7%、中 91.2%、高 40.5%
　　個別の教育支援計画　　　幼 57.0%、小 85.5%、中 82.0%、高 32.4%

3.　訪問教育　　　重度障害、特別支援学校に通学困難な児童生徒　実施
（1）訪問教育
　2015 年　国立特別支援教育総合研究所「特別支援教育の基礎・基本」
　　　　　　　：障害の状態が重度であるかまたは重複しており特別支援学校に通学して
　教育を受けることが困難な児童生徒に対し、特別支援学校の教員が家庭、
　児童福祉施設、医療機関等を訪問して行う教育。

　学校教育法施行規則第 131 条第 1 項　　　教育課程、教科書使用　特例
　「特別支援学校の小学部、中学部または高等部において、複数の種類の障害を併せ有
　する児童もしくは生徒を教育する場合または教員を派遣して教育を行う場合におい
　て、特に必要があるときは」、（中略）学習指導要領によらない「特別の教育課程に
　よることができる。」

　学校教育法施行規則第 131 条第 2 項
　その場合、「文部科学大臣の検定を経た教科用図書または文部科学省が著作の名義を
　有する教科用図書を使用することが適当でないときは、当該学校の設置者の定める
　ところにより、他の適切な教科用図書を使用することができる。」

（2）授業時数の取扱

特別支援学校小学部・中学部学習指導要領総則第5の5

「重複障害者、療養中の児童もしくは生徒または障害のため通学して教育を受けることが困難な児童もしくは生徒に対して教員を派遣して教育を行う場合について、特に必要があるときは、実情に応じた授業時数を適切に定めるものとする。」

学習指導要領解説　補足

「重複障害者や医療機関に入院している児童生徒の場合または訪問教育を行う場合、各学年の総授業時数および各教科等の年間の授業時数は、いずれも小学校または中学校に準ずるのではなく、特に必要があれば各学校で適切に定めることができる。」

「この場合、児童生徒の実態を的確に把握するとともに、医療上の規制や生活上の規制等も考慮して、どのような教育課程を編成することが最も望ましいかについて総合的に検討する必要がある。」

実施校、特別支援学校の25%、肢体対象学校で実施率最多、施設で6割・自宅で4割。肢体、病弱、知的、視覚、聴覚の順に多い。

4.　小・中学校等における特別支援教育

（1）法規定

学校教育法第81条第1項

「幼稚園、小学校、中学校、義務教育学校、高等学校および中等教育学校においては、次項各号のいずれかに該当する幼児、児童および生徒その他教育上特別の支援を必要とする幼児、児童および生徒に対し、文部科学大臣の定めるところにより、障害による学習上または生活上の困難を克服するための教育を行うものとする。」。

次項各号のいずれか：知的障害者、肢体不自由者、身体虚弱者、弱視者、難聴者、その他特別支援教育において教育を行うことが適当なもの。

（2）3本柱

特別支援学級、通級による指導、発達障害児の指導・支援

（3）学習指導要領上の規定

2016年　中央教育審議会「幼稚園、小学校、中学校、高等学校および特別支援学校の学習指導要領等の改善について」答申

2017年　小・中学校学習指導要領　改定

「幼・小・中・高等学校の通常の学級においても、発達障害を含む障害のある子どもが在籍している可能性があることを前提に、すべての教科等において、一人ひとりの教育的ニーズに応じたきめ細かな指導や支援ができるよう、障害種別の指導の工夫のみならず、各教科等の学びの過程において考えられる困難さに対する指導の工夫の意図、手立ての例を具体的に示していくことが必要である。」。

「通級による指導を受ける児童生徒および特別支援学級に在籍する児童生徒については、一人ひとりの教育的ニーズに応じた指導や支援が組織的・継続的に行われるよう、個別の教育支援計画や個別の指導計画を全員作成することが適当である。」。

「学校の教育課程上としての学習活動にとどまらず、地域社会との交流の中で、障害のある子どもたちが地域社会の構成員であることをお互いが学ぶという、地域社会の中での交流および共同学習の推進を図る必要がある。」。

（4）特別支援学級

1）基礎事項　　　小2.35%　中1.92%　高2.20%

学校教育法第81条第2項

「小学校、中学校、義務教育学校、高等学校および中等教育学校には、次の各号のいずれかに該当する児童および生徒のために、特別支援学級を置くことができる。

1．知的障害者　2．肢体不自由者　3．身体虚弱者　4．弱視者　5．難聴者

6．その他障害のある者で、特別支援学級において教育を行うことが適当なもの。

知的48、その他46、肢体2、身体1.5、難聴0.7、弱視0.3

2）教育課程

①特別の教育課程

学校教育法施行規則第138条

「特別支援学級の教育は、基本的には、小・中学校の学習指導要領に沿って行われる。」。

「小学校、中学校もしくは義務教育学校または中等教育学校の前期課程における特別支援学級に係る教育課程については、特に必要がある場合は、（中略）特別の教育課程によることができる。」。

「例えば、特別支援学校の学習指導要領を参考として、自立活動を取り入れたりすることができる。」。

②教科書使用の特例
　学校教育法施行規則第 139 条
　　「特別の教育課程による特別支援学級においては、文部科学大臣の検定を経た教科用図書を使用することが適当でない場合には、当該特別支援学級を置く学校の設置者（<u>公立学校</u>の場合、<u>当該の学校を設置</u>する地方自治体の<u>教育委員会</u>）の定めるところにより、他の適切な教科用図書を使用することができる。」。

3）配慮事項
　①教師間の連携
　　小学校新学習指導要領「総則」
　　　「特別支援学級に在籍する児童や通級による指導を受ける児童については、個別の教育支援計画や個別の指導計画を作成し、効果的に活用するものとする。」。

　②交流および共同学習
　　2005 年　中教審答申
　　　「特殊学級を担当する教員と通常の学級を担当する教員の連携の下で、特殊学級に在籍する児童生徒が通常の学級で学ぶ機会が適切に設けられることを一層促進するとともに、その際の教育内容の充実に努めるべきである。」。

(5) 通級による指導
　1）基礎事項
　　通級による指導：軽度の障害のある児童生徒が、ほとんどの授業を通常の学級で受けながら、障害の状態に応じた特別の指導を特別の場で受けること。
　　　　　　　　小 1.36%　中 0.30%　高 0.99%

　　学校教育法施行規則第 140 条
　　　通級による指導の対象：言語障害、AD/HD、自閉症、LD、情緒障害、難聴、弱視

2）教育課程
　①基本規定
　　学校教育法施行規則第 140 条
　　　「通級による指導にて、当該障害に応じた特別の指導を行う必要があるものを
　　　教育する場合には、文部科学大臣が別に定めるところにより、（中略）特別の
　　　教育課程によることができる。」。

　　　「例えば、特別支援学校の学習指導要領を参考に、自立活動の内容を取り入
　　　れたりすることができる。」。

　　　2006 年　文部科学省告示第 54 号
　　　「また、特に必要があるときは、障害の状態に応じて各教科の内容を補充する
　　　ための特別の指導を含めることができる。」。

　②授業時間数
　　2006 年　文部科学省告示第 54 号
　　　「通級による指導の指導時数は、年間 35〜280 単位時間が標準。」。
　　　「ただし、LD と AD/HD の児童生徒の指導時数は、年間 10〜280 単位時間
　　　が標準。」。

　③他校通級
　　学校教育法施行規則第 141 条
　　　「通級による指導においえ、特別の指導を受ける場は、自校ではなく、他校で
　　　あることが多い。

　　　「その場合、校長は、他校で受けた授業を、当該の学校における特別の教育
　　　課程に係る授業とみなすことができる。」。

（6）その他の指導形態
　1）特別支援教室
　　通級による指導の対象となる児童生徒が、障害に応じた特別の指導を受ける場
　として、構想。
　　2005 年　中教審答申
　　　「LD・AD/HD・高機能自閉症等の児童生徒も含め、障害のある児童生徒が、原則
　　　として通常の学級に在籍しながら、特別の場で適切な指導および必要な支援を受
　　　けることができるような弾力的なシステムを構築すること。」。

「特別支援学校の通級指導教室は、小・中学校から通級してくる児童生徒（他校通級者）を受け入れるものである。」。

①ほとんどの時間を特別支援教室で特別の指導を受ける形態。
②比較的多くの時間を通常の学級で指導を受けつつ、障害の状態に応じ、相当程度の時間を特別支援教室で特別の指導を受ける形態。
③一部の時間のみ特別支援教室で特別の指導を受ける形態。

小 19.1%、中 7.2%、特 6.7%

2）院内学級
　　　：療養中の病弱・身体虚弱児に対する教育を行うために、病院内に置かれる学級のこと。

学校教育法第 81 条第 3 項
「学校においては、疾病により療養中の児童および生徒に対して、特別支援学級を設け、または教員を派遣して、教育を行うことができる。」。

3）巡回による指導
巡回による指導：専門性を有する教員が、小・中学校等を巡回して、障害のある児童生徒の指導や支援を行うこと。

4）特別支援教育支援員
　小・中学校において障害のある児童生徒に対し、食事、排泄、教室の移動補助等学校における日常生活動作の介助を行ったり、発達障害の児童生徒に対し学習活動上のサポートを行ったりする。
　資格を問わない任用である。

5.　相談・支援のためのネットワーク
（1）教育分野におけるネットワーク
　2008 年　文部科学省・厚生労働省「障害のある子どものための地域における相談支援体制整備ガイドライン（試案)」

「都道府県においては、障害のある子どもやその保護者への相談・支援にかかわる医療、保健、福祉、教育、労働等の関係部局・機関間の連携協力を円滑にするためのネットワークとして、広域特別支援連携協議会を設置することが重要。」

「支援地域においても、支援地域における特別支援連携協議会の設置が必要。」
　　　支援地域：基本的には、いくつかの市町村にまたがった一定規模の地域として
　　　　　　　　支援地域の設定を想定。

★特別支援連携協議会の役割
　1）相談・支援のための施策についての情報の共有化
　2）相談・支援のための施策の連携の調整や連携方策の検討
　3）相談と支援のための全体計画（マスタープラン）の策定
　4）関係機関が連携して乳幼児期から学校卒業までを通じて一貫した支援を行うための計画である「個別の支援計画」のモデルの策定
　5）相談・支援にかかわる情報の提供
　6）支援地域の設定

2006 年　全国特殊学校長会「個別の教育支援計画策定・実施・評価の実際」
　　1）広域特別支援連携協議会
　　　　都道府県における部局横断型のネットワーク
　　　　　教育、福祉、医療、労働等の担当者による連携協議会
　　2）特別支援連携協議会
　　　　支援地域におけるネットワーク
　　　　　教育、福祉、医療、労働等の担当者による協議会
　　3）支援会議（ケース会議）

(2) 保健医療福祉分野におけるネットワーク
　　市町村、地域自立支援協議会を設置。

　　地域自立支援協議会：相談支援事業をはじめとする地域支援システムづくりに関し、
　　　　　　　　　　　　中核的な役割を果たす定期的な協議の場として、相談支援事業者、
　　　　　　　　　　　　障害福祉サービス事業者、保健・医療関係者、教育・雇用関係機関、
　　　　　　　　　　　　企業、障害者関係団体、学識経験者からなる機関。

★地域自立支援協議会の役割
　1）困難事例への対応の在り方に関する協議、調整。
　2）地域の関係者によるネットワーク構築等に向けた協議。
　3）地域の社会資源の開発、改善。
　4）子ども支援、権利擁護等の分野別サブ協議会等の設置、運営。
　5）委託相談支援事業者の中立・公平性を確保する観点からの運営評価。

「特別支援教育」第6講

特別支援教育の基礎5：　歴史

1.　今日の目標
（1）障害児教育の歴史について説明できる。

2.　障害児教育の歴史
（1）年表
　　　1872（明治5）年…　学制公布。
　　　　　　　　　　　　　障害児のための学校（廃人学校）について初めて規定。

　　　1878（明治11）年…　京都に盲唖院を創設。
　　　　　　　　　　　　　近代盲・聾教育の開始。

　　　1880（明治13）年…　東京に楽善会訓盲院を設立。

　　　1890（明治23）年…　第2次小学校令によって盲唖学校が制度上明確化。
　　　　　　　　　　　　　石井亮一が滝之川学園を創設、知的障害児教育の始まり。

　　　1891（明治24）年…　結核予防団体白十字会が白十字会林間学校を創設。
　　　　　　　　　　　　　身体虚弱児に尋常小学校に準ずる教育を行う。

　　　1917（大正6）年…　日本聾話学校（私立）が設置、以後口話法が普及。

　　　1920（大正9）年…　柏学園が創設、肢体不自由児を対象とした初の教育施設。

1921（大正 10）年…　盲学校及聾唖学校令　制定。
　　　　　　　　　　盲学校と聾唖学校の制度的分離、
　　　　　　　　　　盲・聾唖学校を小・中学校と同様に位置づけ、
　　　　　　　　　　道府県に、盲・聾唖学校の設置義務を課す、
　　　　　　　　　　盲・聾唖学校の運営費用は道府県が負担。

1923（大正 12）年…　東京聾唖学校に難聴学級が置かれる。

1926（大正 15）年…　東京市深川区八名川小学校に吃音学級が置かれる。

1932（昭和 7）年…　東京市立光明学校が創設。
　　　　　　　　　　独立の学校による肢体不自由児教育の始まり。

1933（昭和 8）年…　東京市麻布区南山尋常小学校に弱視学級が置かれる。

1940（昭和 15）年…　大阪市立思斉学校が創設。
　　　　　　　　　　知的障害児教育のための初の独立した学校。

1941（昭和 16）年…　国民学校令　公布。
　　　　　　　　　　国民学校では身体虚弱、精神薄弱、その他心身に異常ある児童で
　　　　　　　　　　特別養護の必要あると認められる者のために、特に学級または
　　　　　　　　　　学校を編成できると規定。

1947（昭和 22）年…　教育基本法、学校教育法　公布。
　　　　　　　　　　盲・聾・養護学校の制度が誕生。

1948（昭和 23）年…　聾・盲学校の義務制　実施。

1979（昭和54）年…　養護学校の義務制　実施。

1993（平成5）年…　通級による指導　スタート。

2007（平成19）年…　盲・聾・養護学校が特別支援学校となる。

2012（平成24）年…　共生社会の形成に向けたインクルーシブ教育構築のための
　　　　　　　　　　特別支援教育の推進（報告）。

　　1923年盲学校および聾唖学校令、1947年教育基本法、学校教育法、
1948年盲・聾学校義務制、1979年養護学校義務制、2007年特別支援学校。

(2) 人物
1) 国際社会
　　ド・レペ（フランス）…　手話による聾唖教育を提唱。

　　ハイニッケ（ドイツ）…　口話法提唱、国立聾学校開設。

　　アユイ（フランス）…　世界初の盲学校開設。

　　イタール（フランス）…　アヴェロンの野生児。

　　クルツ（ドイツ）…　世界初の肢体不自由児学校開設。

　　ルイ・ブライユ（フランス）…　6点式点字を考案。

セガン（フランス）…　知的障害児教育の先駆者、セガン法。

クヌーゼン（デンマーク）…　肢体不自由児施設クリュッペルハイムを開設。

グッゲンビュール（スイス）…　クレチン病性遅滞児の研究。

ゴダード（アメリカ）…　知的障害と遺伝の関連の研究。

モンテッソーリ（イタリア）…　子どもの家、モンテッソーリ法。

ドクロリー（ベルギー）…　生活による生活のための学校。

ゲゼル（アメリカ）…　成熟優位説、双生児法。

カナー（オーストリア）…　早期幼児自閉症の症例報告。

グッドイナフ（アメリカ）…　人物画による知能検査。

ヴィゴツキー（旧ソ連）…　発達の最近接領域、『思考と言語』

ウェクスラー（ルーマニア）…　ウェクスラー式知能検査WISC等。

ピアジェ（スイス）…　認知の発達段階説。

ルリヤ（ロシア）… 神経心理学的脳局部損傷診断法。

ロジャーズ（アメリカ）… 来談者（クライエント）中心療法。

カーク（アメリカ）… LD という語を創案。

スキナー（アメリカ）… スキナー箱、オペラント条件づけ　　　レバー餌

アスペルガー（オーストリア）… アスペルガー症候群。

ボバース夫妻（イギリス）… 脳性まひ児の治療法開発。

フロスティッグ（オーストリア）… 視知覚検査法、ムーブメント教育。

ブルーナー（アメリカ）… 発見学習、『教育の過程』。

エアーズ（アメリカ）… 発達障害児対象の感覚統合法。

ショプラー（ドイツ）… TEACCH プログラム。
Treatment and Education of Autistic and related Communication handicapped Children

世界初の聾学校：1755 年　パリ　ド・レペ
世界初の盲学校：1784 年　パリ　アユイ
世界初の肢体不自由児学校：1833 年　ミュンヘン　クルツ

2）日本

　山尾庸三（1837〜1917 年）…　楽善会訓盲院。

　古河太四郎（1845〜1907 年）…　京都盲唖院。

　伊沢修二（1851〜1917 年）…　楽石社（吃音矯正機関）。

　石川創次（1859〜1944 年）…　日本訓盲点字。

　石井亮一（1867〜1937 年）…　滝之川学園（日本初の知的障害児施設）。

　鈴木治太郎（1875〜1966 年）…　大阪市立思斉学校、ビネー式知能検査翻案。

　柏倉松蔵（1882〜1964 年）…　柏学園（日本初の肢体不自由児施設）。

　高木憲次（1888〜1963 年）…　東京整肢療護園、肢体不自由という語を創案。

　近藤益雄（1907〜1964 年）…　のぎく寮（知的障害児施設）。

　田村一二（1909〜1995 年）…　一麦寮（知的障害児施設）。

　三木安正（1911〜1984 年）…　旭出学園（知的障害児施設）。

糸賀一雄（1914〜1968 年）…　近江学園（知的障害児施設）。

岡崎英彦（1922〜1987 年）…　びわこ学園（重度心身障害児施設）。

成瀬悟策（1924〜）…　臨床動作法。

近藤原理（1931〜）…　なずな寮。

「特別支援教育」第7講

特別支援学校1： 教育目標、方針、内容、配慮事項

1．今日の目標
（1）教育目標、規定事項、授業時数の取扱いについて説明できる。
（2）指導計画の作成にあたって配慮すべき事項について説明できる。

2．教育目標
（1）

特別支援学校幼稚部教育要領「総則」
「学校教育法第23条に規定する幼稚園教育の目標」。
「障害による学習上または生活上の困難を改善・克服し自立を図るために必要な態度や習慣等を育て、心身の調和的発達の基盤を培うようにすること」。

（2）

特別支援学校小学部・中学部学習指導要領「総則」
「小学部においては、学校教育法第30条第1項に規定する小学校教育の目標」。
「中学部においては、学校教育法第46条に規定する中学校教育の目標」。
「小学部および中学部を通じ、児童および生徒の障害による学習上または生活上の困難を改善・克服し自立を図るために必要な知識、技能、態度および習慣を養うこと」。

学校教育法第21条　　　義務教育の目標
上記の学校教育法第30条第1項、第46条には、「第21条各号に掲げる」義務教育の目標を達成することとある。その第21条では10の目標が挙げられている。
「学校内外における社会的活動を促進し、自主、自律および協同の精神、規範意識、公正な判断力ならびに公共の精神に基づき主体的に社会の形成に参画し、その発展に寄与する態度を養うこと」。
「学校内外における自然体験活動を促進し、生命および自然を尊重する精神ならびに環境の保全に寄与する態度を養うこと」。
「我が国と郷土の現状と歴史について、正しい理解に導き、伝統と文化を尊重し、それらをはぐくんできた我が国と郷土を愛する態度を養うとともに、進んで外国の文化の理解を通じて、他国を尊重し、国際社会の平和と発展に寄与する態度を養うこと」。

「家族と家庭の役割、生活に必要な衣、食、情報、産業その他の事項について基礎的な理解と技能を養うこと」。

「読書に親しませ、生活に必要な国語を正しく理解し、使用する基礎的な能力を養うこと」。　　　等。

(3)
特別支援学校高等部学習指導要領「総則」

「学校教育法第 51 条に規定する高等学校教育の目標」。

「生徒の障害による学習上または生活上の困難を改善・克服し自立を図るために必要な知識、技能、態度および習慣を養うこと」。

学校教育法第 51 条　　　高等学校教育の目標

「義務教育として行われる普通教育の成果をさらに発展拡充させて、豊かな人間性、創造性および健やかな身体を養い、国家および社会の形成者として必要な資質を養うこと」。

「社会において果たさなければならない使命の自覚に基づき、個性に応じて将来の進路を決定させ、一般的な教養を高め、専門的な知識、技術および技能を習得させること」。

「個性の確立に努めるとともに、社会について、広く深い理解と健全な批判力を養い、社会の発展に寄与する態度を養うこと」。

3.　教育の基本と教育課程の役割
(1) 教育の基本
　特別支援学校小学部・中学部新学習指導要領「総則」

1) 基本事項
「各学校においては、教育基本法および学校教育法その他の法令ならびにこの章以下に示すところに従い、児童または生徒の人間としての調和の取れた育成を目指し、児童または生徒の障害の状態や特性および心身の発達の段階等ならびに学校や地域の実態を十分考慮して、適切な教育課程を編成するものとし、これらに掲げる目標を達成するよう教育を行うものとする。」

2）配慮事項 　　　 他に道徳教育、健康に関する事項

「基礎的・基本的な知識および技能を確実に習得させ、これらを活用して課題を解決するために必要な思考力、判断力、表現力等を育むとともに、主体的に学習に取り組む態度を養い、個性を生かし多様な人々との協働を促す教育の充実に努めること。その際、児童または生徒の発達の段階を考慮して、児童または生徒の言語活動など、学習の基盤をつくる活動を充実するとともに、家庭との連携を図りながら、児童または生徒の学習習慣が確立するように配慮すること。」。

「学校における自立活動の指導は、障害による学習上または生活上の困難を改善・克服し、自立し社会参加する資質を養うため、自立活動の時間はもとより、学校の教育活動全体を通じて適切に行うものとする。
特に、自立活動の時間における指導は、各教科、道徳科、外国語活動、総合的な学習の時間および特別活動と密接な関連を保ち、個々の児童または生徒の障害の状態や特性および心身の発達の段階等を的確に把握して、適切な指導計画の下に行うようにすること。」。

3）実現すべき事項

（2）教育課程の編成
特別支援学校小学部・中学部新学習指導要領「総則」

1）基礎事項
「教育課程の編成にあたっては、学校教育全体や各教科等における指導を通して育成を目指し資質・能力をふまえつつ、各学校の教育目標を確認するとともに、教育課程の編成についての基本的な方針が家庭や地域とも共有されるよう努めるものとする。」。

2）教科等横断的な視点に立った資質・能力の形成
「各学校においては、児童または生徒の障害の状態や特性および心身の発達の段階等を考慮し、言語能力、情報活用能力（情報モラルを含む）、問題発見・解決能力等の学習の基盤となる資質・能力を育成していくことができるよう、各教科等の特質を生かし、教科等横断的な視点から教育課程の編成を図るものとする。」。

「各学校においては、児童かたは生徒や学校、地域の実態ならびに児童又は生徒の障害の状態や特性および心身の発達の段階等を考慮し、豊かな人生の実現や災害等を乗り越えて次代の社会を形成することに向けた現代的な諸課題に対応して求められる資質・能力を、教科等横断的な視点で育成していくことができるよう、各学校の特色を生かした教育課程の編成を図るものとする。」。

3）情報モラル

情報モラル：　情報社会で適正な活動を行うための基になる考え方と態度。

「人権、知的財産権など自他の権利を尊重し情報社会での行動に責任をもつことや、危険回避など情報を正しく安全に利用できること、コンピュータ等の情報機器の使用による健康とのかかわりを理解すること等である。」

(3)　自立活動の目標と内容

1）自立活動の目標

特別支援学校小学部・中学部新学習指導要領「自立活動」

「個々の児童または生徒が自立を目指し、障害による学習上または生活上の困難を主体的に改善・克服するために必要な知識、技能、態度および習慣を養い、もって心身の調和的発達の基盤を培う。」。

：　児童生徒がそれぞれの障害の状態や発達の段階等に応じて、主体的に自己の力を可能な限り発揮し、よりよく生きていこうとすることを意味している。

発達の基盤を培う：　一人ひとりの児童生徒の発達の遅れや不均衡を改善したり、発達の進んでいる側面をさらに伸ばすことによって遅れている側面の発達を促すようにしたりして、全人的な発達を促進することを意味している。

2）自立活動の内容

特別支援学校小学部・中学部新学習指導要領「自立活動」

①

ⅰ生活のリズムや生活習慣の形成に関すること。

ⅱ病気の状態の理解と生活管理に関すること。

ⅲ身体各部の状態の理解と養護に関すること。

ⅳ障害の特性の理解と生活環境の調整に関すること。

ⅴ健康状態の維持・改善に関すること。

②

ⅰ情緒の安定に関すること。

ⅱ状況の理解と変化への対応に関すること。

ⅲ障害による学習上または生活上の困難を改善・克服する意欲に関すること。

③　　　　　　　　　　　　　　　　（2009 年改定より追加。）

ⅰ他者とのかかわりの基礎に関すること。

ⅱ他者の意図や感情の理解に関すること。

ⅲ自己の理解と行動の調整に関すること。

ⅳ集団への参加の基礎に関すること。

④

ⅰ保有する感覚の活用に関すること。

ⅱ感覚や認知の特性への対応に関すること。

ⅲ感覚の補助および代行手段の活用に関すること。

ⅳ感覚を総合的に活用した周囲の状況の把握に関すること。

ⅴ認知や行動の手掛かりとなる概念の形成に関すること。

⑤

ⅰ姿勢と運動・動作の基本的技能に関すること。

ⅱ姿勢保持と運動・動作の補助的手段の活用に関すること。

ⅲ日常生活に必要な基本動作に関すること、

ⅳ身体の移動能力に関すること。

ⅴ作業に必要な動作と円滑な遂行に関すること。

⑥

ⅰコミュニケーションの基礎的能力に関すること。

ⅱ言語の受容と表出に関すること。

ⅲ言語の形成と活用に関すること。

ⅳコミュニケーション手段の選択と活用に関すること。

ⅴ状況に応じたコミュニケーションに関すること。

4. 教育課程実施上の配慮事項
（1）小学部・中学部における教育課程実施上の配慮事項
　　特別支援学校小学部・中学部新学習指導要領「総則」

　　　「学習や生活の基盤として、教師と児童または生徒との信頼関係および児童または
　　　生徒相互のよりよい人間関係を育てるため、日頃から学級経営の充実を図ること。
　　　また、主に集団の場面で必要な指導や援助を行うガイダンスと、個々の児童または
　　　生徒の多様な実態をふまえ、一人ひとりが抱える課題に個別に対応した指導を行う
　　　カウンセリングの双方により、児童または生徒の発達を支援すること。」。

　　　「児童または生徒が、自己の存在感を実感しながら、よりよい人間関係を形成し、
　　　有意義で充実した学校生活を送る中で、現在および将来における自己実現を図って
　　　いくことができるよう、児童理解または生徒理解を深め、学習指導と関連付けなが
　　　ら、生徒指導の充実を図ること。」。

　　　「児童または生徒が、学校教育を通じて身に付けた知識および技能を活用し、もてる
　　　能力を最大限伸ばすことができるよう、生涯学習への意欲を高めるとともに、
　　　社会教育その他様々な学習機会に関する情報の提供に努めること。
　　　また、生涯を通じてスポーツや芸術文化活動に親しみ、豊かな生活を営むことができ
　　　るよう、地域のスポーツ団体、文化芸術団体および障害者福祉団体等と連携し、多様
　　　なスポーツや文化芸術活動を体験することができるよう配慮すること。」。

　　　「家庭および地域ならびに医療、福祉、保健、労働等の業務を行う関係機関との連携
　　　を図り、長期的な視点で児童または生徒への教育的支援を行うために、
　　　個別の教育指導計画を作成すること。」。

　　　「複数の種類の障害を併せ有する児童または生徒（重複障害者）については、専門的
　　　な知識、技能を有する教師や特別支援学校間の協力の下に指導を行ったり、必要に応
　　　じて専門の医師やその他の専門家の指導・助言を求めたりするなどして、学習効果を
　　　一層高めるようにすること。」。

　　　「学校医等との連絡を密にし、児童または生徒の障害の状態に応じた保健および安全
　　　に十分留意すること。」。

「日本語の習得に困難のある児童または生徒については、個々の児童または生徒の実態に応じた指導内容や指導方法の工夫を組織的かつ計画的に行うものとする。
特に、通級による日本語指導については、教師間の連携に努め、指導についての計画を個別に作成することなどにより、効果的な指導に努めるものとする。」。

（2）高等部における教育課程実施上の配慮事項
　特別支援学校高等部新学習指導要領「総則」
　　「生徒が自己の在り方生き方を考え、主体的に進路を選択することができるよう、校内の組織体制を整備し、教師間の相互の連携を図りながら、学校の教育活動全体を通じ、計画的、組織的な進路指導を行い、キャリア教育を推進すること。
その際、家庭および地域や福祉、労働等の業務を行う関係機関との連携を十分に図ること。」。

　　「各教科・科目等の指導にあたっては、生徒が情報モラルを身に付け、コンピュータや情報通信ネットワーク等の情報通信手段を適切かつ実践的、主体的に活用できるようにするための学習活動を充実するとともに、これらの情報手段に加え視聴覚教材や教育機器等の教材・教具の適切な活用を図ること。
なお、生徒の障害の状態や特性等に即した教材・教具を創意工夫するとともに、学習環境を整え、指導の効果を高めるようにすること。」。

　　「実験・実習にあたっては、特に安全と保健に留意すること。」。

　　　　：　一人ひとりの社会的・職業的自立に向け、必要な基盤となる能力や態度を育てることを通して、キャリア発達を促す教育。

　　　　：　情報社会で適性に活動するための基となる考え方や態度のこと。

6．教育内容等の取扱いに関する規定事項
（1）<u>小学部・中学部における内容等の取扱いに関する共通的事項</u>
　特別支援学校小学部・中学部新学習指導要領「総則」
　　「各教科、道徳科、外国語活動、特別活動および自立活動の内容ならびに各学年、各段階、各分野または各言語の内容に掲げる事項の順序は、特に示す場合を除き、指導の順序を示すものではないので、学校においては、その取扱いについて適切な工夫を加えるものとする。」。

「視覚障害者、聴覚障害者、肢体不自由者または病弱者である生徒に対する教育を行う特別支援学校の中学部においては、生徒や学校、地域の実態を考慮して、生徒の特性等に応じた多様な学習活動が行えるよう、第2章に示す各教科や、特に必要な教科を、選択教科として開設し生徒に履修させることができる。」。

「知的障害者である児童または生徒に対する教育を行う特別支援学校の小学部においては、生活、国語、算数、音楽、図画工作および体育の各教科、道徳科、特別活動ならびに自立活動については、特に示す場合を除き、全ての児童に履修させるものとする。
また、外国語活動については、児童や学校の実態を考慮し、必要に応じて設けることができる。」。

「知的障害者である生徒に対する教育を行う特別支援学校の中学部においては、国語、社会、数学、理科、音楽、美術、保健体育および職業・家庭の各教科、道徳科、総合的な学習の時間、特別活動ならびに自立活動については、特に示す場合を除き、全ての生徒に履修させるものとする。
また、外国語科については、生徒や学校の実態を考慮し、必要に応じて設けることができる。」。

「知的障害者である生徒に対する教育を行う特別支援学校の中学部においては、生徒や学校、地域の実態を考慮して、特に必要がある場合には、その他特に必要な教科を選択教科として設けることができる。
その他特に必要な教科の名称、目標、内容等については、各学校が適切に定めるものとする。」。

(2) 高等部における各教科等の履修　　　知的障害者
　1) 卒業までに履修させる各教科等
　　「卒業までに履修させる（中略）各教科およびその授業時数、道徳および総合的な学習の時間の授業時数、特別活動およびその授業時数ならびに自立活動の授業時数に関する事項を定めるものとする。」。

2）各学科に共通する各教科等

「国語、社会、数学、理科、音楽、美術、保健体育、職業および家庭の各教科、道徳、総合的な学習の時間、特別活動ならびに自立活動については、特に示す場合を除き、すべての生徒に履修させるものとする。」。

「外国語および情報の各教科については、学校や生徒の実態を考慮し、必要に応じて設けることができる。」。

3）主として専門学科において開設される各教科

「専門学科においては、（中略）家政、農業、工業、流通・サービスもしくは福祉の各教科または（中略）学校設定教科のうち専門教育に関するもののうち、いずれか1以上履修させるものとする。」。

「専門教科の履修をもって、すべての生徒に履修させる各教科の履修に替えることができる。」。

4）

「地域、学校および生徒の実態、学科の特色等に応じ、特色ある教育課程の編成に資するよう、第2章第2節第1款および第2款に掲げる教科以外の教科（学校設定教科）を設けることができる。」。

※視覚障害者、聴覚障害者、肢体不自由者または病弱者の教育を行う高等部における、各教科・科目の履修に関する規定事項は、通常の高等学校とほぼ同じである。

特別支援学校2：　教育課程、個別計画、交流・共同学習、自立活動、
コーディネーター、センター的機能

1.　今日の目標
（1）授業時数等の取扱いについて説明できる。
（2）指導計画の作成にあたって配慮すべき事項について説明できる。

2.　授業時数等の取扱い
（1）小・中学部における授業時数等の取扱い
　　特別支援学校小学部・中学部新学習指導要領「総則」
　　　「各教科、道徳、外国語活動、総合的な学習の時間、特別活動および自立活動の
　　　総授業時数は、小学校または中学校の各学年における総授業時数に準ずるものと
　　　する。
　　　この場合、各教科等の目標および内容を考慮し、それぞれの年間の授業時数を適切に
　　　定めるものとする。」。

　　　「各教科等の授業は、年間　　　　　週（小学部第1学年については34週）以上に
　　　わたって行うよう計画し、週あたりの授業時数が児童または生徒の負担過重になら
　　　ないようにするものとする。
　　　ただし、各教科等や学習活動の特質に応じ効果的な場合には、夏季、冬季、学年末の
　　　休業日の期間に授業日を設定する場合を含め、これらの授業を特定の期間に行う
　　　ことができる。」。

　　　「総合的な学習の時間に充てる授業時数は、視覚障害者、聴覚障害者、肢体不自由ま
　　　たは病弱者である児童または生徒に対する教育を行う特別支援学校については、
　　　小学部第　　　学年以上および中学部の各学年において、知的障害者である生徒に
　　　対する教育を行う特別支援学校については、中学部の各学年において、それぞれ適切
　　　に定めるものとする。」。

　　　「小学部または中学部の各学年の自立活動の時間に充てる授業時数は、児童または
　　　生徒の障害の状態や特性および心身の発達の段階等に応じて、適切に定めるものと
　　　する。」。

「小学部または中学部の各教科等のそれぞれの授業の1単位時間は、各学校におい
て、各教科等の年間授業時数を確保しつつ、児童または生徒の障害の状態や特性およ
び心身の発達の段階等ならびに各教科等や学習活動の特質を考慮して適切に定める
こと。」。

「総合的な学習の時間における学習活動により、特別活動の学校行事に掲げる各行事
の実施と同様の成果が期待できる場合においては、総合的な学習の時間における
学習活動をもって相当する特別活動の学校行事に掲げる各行事の実施に替えること
ができる。」。

(2) 高等部における授業時数等の取扱い
　　特別支援学校高等部新学習指導要領「総則」
　　　「各教科、道徳、総合的な学習の時間、特別活動および自立活動の総授業時数は、各
　　　学年とも　　　　　　　　単位時間を標準とする。」。

　　　「各教科、道徳、ホームルーム活動および自立活動の授業は、年間　　　　　　週行う
　　　ことを標準とする。」。

　　　「専門学科においては、専門教科について、すべての生徒に履修させる授業時数は、
　　　　　　　　単位時間を下らないものとする。」。

　　　「各学年における自立活動の時間に充てる授業時数は、生徒の障害の状態に応じて、
　　　適切に定めるものとする。」。

3. 指導計画の作成にあたって配慮すべき事項
(1) 指導計画の作成等にあたっての配慮事項（全般）
　　特別支援学校小学部・中学部新学習指導要領「総則」
　　　「各教科等の各学年、各段階、各分野または各言語の指導内容については、単元や
　　　題材など内容や時間のまとまりを見通しながら、そのまとめ方や重点の置き方に
　　　適切な工夫を加え、主体的・対話的で深い学びの実現に向けた授業改善を通して
　　　資質・能力を育む効果的な指導ができるようにすること。」。

　　　「各教科等および各学年相互間の関連を図り、系統的、発展的な指導ができるように
　　　すること。」。

「視覚障害者、聴覚障害者、肢体不自由者または病弱者である児童に対する教育を行う特別支援学校の小学部において、学年の内容を　　　　学年まとめて示した教科および外国語活動については、当該学年間を見通して、児童や学校、地域の実態に応じ、児童の障害の状態や特性および心身の発達の段階等を考慮しつつ、効果的、段階的に指導するようにすること。」。

「小学部においては、児童の実態等を考慮し、指導の効果を高めるため、児童の障害の状態や特性および心身の発達の段階等ならびに指導内容の関連性等をふまえつつ、合科的・関連的な指導を進めること。」。

「知的障害者である児童または生徒に対する教育を行う特別支援学校において、各教科、道徳科、外国語活動、特別活動および自立活動の一部または全部を合わせて指導を行う場合、各教科、道徳科、外国語活動、特別活動および自立活動に示す内容を基に、児童または生徒の知的障害の状態や経験等に応じて、具体的に指導内容を設定するものとする。
また、各教科等の内容の一部または全部を合わせて指導を行う場合には、授業時数を適切に定めること。」。

学校教育法施行規則第 130 条第 2 項
　「特別支援学校の小学部、中学部または高等部においては、知的障害者である児童もしくは生徒（中略）を教育する場合において特に必要があるときは、各教科、道徳、外国語活動、特別活動および自立活動の全部または一部について、合わせて授業を行うことができる。」。

(2) 個別の指導計画
　「児童または生徒の障害の状態や特性および心身の発達の段階等ならびに学習の進度等を考慮して、基礎的・基本的な事項に重点を置くこと。」。

「児童または生徒が、基礎的・基本的な知識および技能の習得も含め、学習内容を確実に身に付けることができるよう、それぞれの児童または生徒に作成した個別の指導計画や学校の実態に応じて、指導方法や指導体制の工夫改善に努めること。」。

「児童または生徒の障害の状態や特性および心身の発達の段階等ならびに学習の進度等を考慮して、個別指導を重視するとともに、グループ別指導、繰り返し指導、学習内容の習熟の程度に応じた学習、児童または生徒の興味・関心等に応じた課題学習、補充的な学習や発展的な学習等の学習活動を取り入れることや、教師間の協力による指導体制を確保することなど、指導方法や指導体制の工夫改善により、個に応じた指導の充実を図ること。」。

(3) 学部段階間および学校段階間の接続
「小学部における教育全体において、例えば生活科において育成する自立した生活を豊かにしていくための資質・能力が、他教科等の学習においても生かされるようにするなど、教科等間の関連を積極的に図り、幼児期の教育および中学年以降の教育との円滑な接続が図られるよう工夫すること。」。

「小学部入学当初においては、幼児期において自発的な活動としての遊びを通して育まれてきたことが、各教科等における学習に円滑に接続されるよう、生活科を中心に、合科的・関連的な指導や弾力的な時間割の設定等、指導の工夫や指導計画の作成を行うこと。」。

「中学部においては、特別支援学校小学部・中学部学習指導要領または小学校学習指導要領をふまえ、小学部における教育または小学校教育までの学習の成果が中学部における教育に円滑に接続され、義務教育段階の終わりまでに育成することを目指す資質・能力を、生徒が確実に身に付けることができるよう工夫すること。」。

(4) 小学部・中学部における指導計画作成にあたっての配慮事項
特別支援学校小学部・中学部学習指導要領「総則」
「各教科等および各学年相互間の関連を図り、系統的、発展的な指導ができるようにすること。」

「視覚障害者、聴覚障害者、肢体不自由者または病弱者である児童に対する教育を行う特別支援学校の小学部において、学年の目標および内容を　　　学年まとめて示した教科および外国語活動については、当該学年間を見通して、地域や学校および児童の実態に応じ、その障害の状態や発達の段階を考慮しつつ、効果的、段階的に指導するようにすること。」。

「各教科の各学年、各分野または各言語の指導内容については、そのまとめ方や重点の置き方に適切な工夫を加えるなど、効果的な指導ができるようにすること。」。

「小学部においては、児童の実態等を考慮し、指導の効果を高めるため、合科的・関連的な指導を進めること。」。

「各教科等の指導にあたっては、個々の児童または生徒の実態を的確に把握し、個別の指導計画を作成すること。また、個別の指導計画に基づいて行われた学習の状況や結果を適切に評価し、指導の改善に努めること。」。

「学校がその目的を達成するため、地域や学校の実態等に応じ、家庭や地域の人々の協力を得るなど家庭や地域社会との連携を深めること、また、学校相互の連携や交流を図ることにも努めること。
特に、児童または生徒の経験を広めて積極的な態度を養い、社会性や豊かな人間性をはぐくむために、学校の教育活動全体を通じて、小学校の児童または中学校の生徒等と交流および共同学習を計画的、組織的に行うとともに、地域の人々等と活動を共にする機会を積極的に設けること。」。

(5) 自立活動の指導計画の作成と内容の取扱い
　1) 指導計画の作成
　　特別支援学校小学部・中学部新学習指導要領「自立活動」
　　　「自立活動の指導にあたっては、個々の児童または生徒の障害の状態や発達の段階等の的確な把握に基づき、指導すべき課題を明確にすることによって、指導の目標および指導内容を明確にし、個別の指導計画を作成するものとする。
　　　その際、第2に示す内容の中からそれぞれに必要とする項目を選定し、それらを相互に関連付け、具体的に指導内容を設定するものとする。」。

　2) 指導計画の作成手順
　　　「個々の児童または生徒について、障害の状態、発達や経験の程度、興味・関心、生活や学習環境等の実態を的確に把握すること。」。

　　　「長期的および短期的な観点から指導の目標を設定し、それらを達成するために必要な指導内容を段階的に取り上げること。」。

「具体的に指導内容を設定する際には、以下の点を考慮すること。

    ①児童または生徒が、興味をもって主体的に取り組み、成就感を味わうとともに自己を肯定的にとらえることができるような指導内容を取り上げること。

    ②児童または生徒が、障害による学習上または生活上の困難を改善・克服しようとする意欲を高めることができるような指導内容を重点的に取り上げること。

    ③個々の児童または生徒が、発達の遅れている側面を補うために、発達の進んでいる側面をさらに伸ばすように指導内容を取り上げること。

    ④個々の児童または生徒が、活動しやすいように自ら環境を整えたり、必要に応じて周囲の人に支援を求めたりすることができるような指導内容を計画的に取り上げること。

    ⑤個々の児童または生徒に対し、自己選択・自己決定する機会を設けることによって、思考・判断・表現する力を高めることができるような指導内容を取り上げること。

    ⑥個々の児童または生徒が、自立活動における学習の意味を将来の自立や社会参加に必要な資質・能力との関係において理解し、取り組めるような指導内容を取り上げること。

「児童または生徒の学習の状況や結果を適切に評価し、個別の指導計画や具体的な指導の改善に生かすよう努めること。」。

3）その他の事項

「個々の児童または生徒の実態に応じた具体的な指導方法を創意工夫し、意欲的な活動を促すようにするものとする。」。

「重複障害者のうち自立活動を主として指導を行うものについては、全人的な発達を促すために必要な基本的な指導内容を、個々の児童または生徒の実態に応じて設定し、系統的な指導が展開できるようにするものとする。」

「自立活動の指導は、専門的な知識や技能を有する教師を　　　　　　　として、全教師の協力の下に効果的に行われるようにするものとする。」。

「児童または生徒の障害の状態等により、必要に応じて、専門の医師およびその他の専門家の指導・助言を求めるなどして、適切な指導ができるようにするものとする。」。

「自立活動の指導の成果が進学先等でも生かせるように、個別の教育支援計画等を活用して関係機関等との連携を図るものとする。」

(6) 交流および共同学習
1) 規定
障害者基本法第16条第3項
「国および地方公共団体は、障害者である児童および生徒と障害者でない児童および生徒との交流および共同学習を積極的に進めることによって、その相互理解を促進しなければならない。」。

特別支援学校小学部・中学部学習指導要領「総則」
「学校がその目的を達成するため、学校や地域の実態等に応じ、教育活動の実施に必要な人的または物的な体制を家庭や地域の人々の協力を得ながら整えるなど、家庭や地域社会との連携および協働を深めること。
また、高齢者や異年齢の子どもなど、地域における世代を超えた交流の機会を設けること。」。

「他の特別支援学校や、幼稚園、認定こども園、保育所、小学校、中学校、高等学校等との間の連携や交流を図るとともに、障害のない幼児児童生徒との交流および共同学習の機会を設け、共に尊重し合いながら協働して生活していく態度を育むようにすること。」。

「特に、小学部の児童または中学部の生徒の経験を広げて積極的な態度を養い、社会性や豊かな人間性を育むために、学校の教育活動全体を通じて、小学校の児童または中学校の生徒等と交流および共同学習を計画的、組織的に行うとともに、地域の人々等と活動を共にする機会を積極的に設けること。」。

2) 交流教育の4タイプ
① 　　間交流：　　授業、行事等。　　個人・グループ・教室単位。
② 　　交流：　　サークル活動、サマースクール等。　　集団参加。
③ 　　　交流：　　授業、行事等。　　個人参加。
④ 　　　交流：　　保護者中心、福祉事業、イベント等。

4. 特別支援教育コーディネーター
(1) 背景
　2003 年　特別支援教育の在り方に関する調査研究協力者会議「今後の特別支援教育の
在り方について」報告
　　「学校においては、教職員全体の特別支援教育に対する理解の下に、学校内の協力
　体制を構築するだけでなく、学校外の関係機関との連携協力が不可欠である。」。

　　「盲・聾・養護学校（現在は特別支援学校に一本化）では、　　　　　　　の必要な児童
　生徒への対応のための医療機関や福祉機関との連携協力、学校外の専門家の非常勤
　講師としての活用など、常に児童生徒のニーズに応じた教育を展開していくための
　柔軟な体制づくりを検討することが肝要である。」。

　　「小・中学校においては、教職員の配置または施設もしくは設備の状況をふまえれば
　独自に対応するには限界があるため、盲・聾・養護学校や医療・福祉機関との連携
　協力が一層重要である。」。

　　「保護者や関係機関に対する学校の窓口として、また、学校内の関係者や福祉、医療
　等の関係機関との連絡調整役が必要である。」。

(2) 設置と役割
　2003 年　特別支援教育の在り方に関する調査研究協力者会議「今後の特別支援教育の
在り方について」報告
　1）設置の提言
　　「各学校において、障害のある児童生徒の発達や障害全般に関する一般的な知識およ
　びカウンセリングマインドを有する者を、学校内および関係機関や保護者との連絡
　調整役としての　　　　　　　　的な役割を担う者（特別支援教育コーディネータ
　ー）として、学校の校務として明確に位置付ける等により小・中学校または盲・聾・
　養護学校に置いて、関係機関との連携協力の体制整備を図ることが重要である。」。

　2）4 つの役割
　2015 年　国立特別支援教育総合研究所「特別支援教育の基礎・基本」
　　　①学校内の関係者や関係機関との連絡・調整。
　　　②保護者に対する学校の窓口の役割。
　　　③障害のある児童生徒への教育支援の充実。
　　　④地域における関係者や関係機関との連絡、調整。

3) 指名　　　校長

　「各学校の校長は、特別支援教育のコーディネーター的な役割を担う教員を特別支援教育コーディネーターに指名し、校務分掌に明確に位置付けること。」。

　　幼 95.9%　　　　小 99.9%　　　　中高 100%

5.　　　　　　　　的機能
（1）経緯

　2005 年　中央教育審議会「特別支援教育を推進するための制度の在り方について」答申

　　「今後、地域において特別支援教育を推進する体制を整備していく上で、特別支援学校は中核的な役割を担うことが期待される。」。

　　「特に、小・中学校に在籍する障害のある児童生徒について、通常の学級に在籍するLD・AD/HD・高機能自閉症等の児童生徒を含め、その教育的ニーズに応じた適切な教育を提供していくためには、特別支援学校が、教育上の高い専門性を生かしながら地域の小・中学校を積極的に支援していくことが求められる。」。

　学校教育法第 74 条　改正

　　「特別支援学校においては、（中略）幼稚園、小学校、中学校、高等学校または中等教育学校の要請に応じて、第 81 条第 1 項に規定する幼児、児童または生徒の教育に関し必要な助言または援助を行うよう努めるものとする。」。

（2）学習指導要領上の位置づけ

　2017 年　特別支援学校学習指導要領　改定

　　「小学校または中学校等の要請により、障害のある児童もしくは生徒または当該児童もしくは生徒の教育を担当する教師等に対して必要な助言または援助を行ったり、地域の実態や家庭の要請等により保護者等に対して教育相談を行ったりするなど、各学校の教師の専門性や施設・設備を生かした地域における特別支援教育のセンターとしての役割を果たすよう努めること。」。

　　「その際、学校として組織的に取り組むことができるよう校内体制を整備するとともに、他の特別支援学校や地域の小学校または中学校等との連携を図ること。」。

（3）センター的機能の内容
　　2005 年　中央教育審議会「特別支援教育を推進するための制度の在り方について」
　答申
　　　　1）小・中学校等の教師への支援機能。
　　　　2）特別支援教育等に関する相談・情報提供機能。
　　　　3）障害のある児童生徒への指導・支援機能。
　　　　4）医療、福祉、労働等関係機関等との連絡・調整機能。
　　　　5）小・中学校等の教師に対する研修協力機能。
　　　　6）障害のある児童生徒への施設・設備等の提供機能。

　　相談内容：指導・支援、障害の状況等に係る実態把握、就学や転学等、進路や就労、
　　　　　　　校内支援体制、個別の指導計画の作成、他機関への支援の橋渡し、
　　　　　　　個別の教育支援計画の作成等。

「特別支援教育」第9講

障害の種別に応じた教育1：　視覚障害、聴覚障害、言語障害

1.　今日の目標
（1）視覚障害、聴覚障害、言語障害に応じた教育について説明できる。

2.
（1）概念
　　　視覚障害：　視機能（視力、視野、色覚および光覚）の永続的低下の総称。

　　　特別な支援や配慮を要する視覚障害：　両眼ともに視機能が低下していること。
　　　　　　　　　　　　　　　　　　　　　現状以上の視機能の回復が望めないこと。

（2）検査
　　　視力検査：　ランドルト環を使って片眼ずつ行う。
　　　　　　　　　一般に、2つの点を分離して知覚することができる限界値で測定。
　　　　　　　　　1.5mm の切れ目を 5m の距離から見分けられる場合、視力は 1.0。
　　　視野検査：　周辺視野検査、中心視野検査、動的視野検査（ゴールドマン視野計）、
　　　　　　　　　静的視野検査（ハンフリー自動視野計）。
　　　その他：　屈折検査、色覚検査、光覚検査、調節検査、眼位検査、眼球運動検査等。

（3）分類
　　1）視力障害
　　　視力：　ものの形等を見分ける力。
　　　　：　視力が非常に低く、視覚以外の感覚（触覚、聴覚等）を用いて学習する必要
　　　がある状態。点字を使用。
　　　　：　文字を使った学習は可能。ただし、文字を拡大することや、拡大鏡を用い
　　　る等の配慮を要する。

　　2）視野障害
　　　求心狭窄：　視野が周囲の方から狭くなって中心付近だけが残ったもの。
　　　視野狭窄：　残った視野が中心部 10 度以内になり、著しく不自由になること。

3）光覚障害

　　暗順応障害：　杆体の機能障害によって起こる。

　　　　　　　　　暗いところではほとんど見えない。夜盲。

　　明順応障害：　錐体の機能障害によって起こり、明るいところで見えにくい。
　　　　　　　　　昼盲。

（4）原因

　1）視覚機能：　眼球と視路により構成。

　2）視覚のしくみ：　光は、角膜で屈折して、硝子体の中を進んで、網膜に達する。
　　　　　　　　　　網膜に達した光は、視神経を通って、脳の視中枢に送られる。

　3）主な原因

　　小眼球：　先天的原因により、眼球が異常に小さいこと。

　　白子眼：　ぶどう膜と網膜の色素が欠乏し、光をまぶしく感じる。

　　白内障：　水晶体に濁りがあり、視力障害が起こる、

　　緑内障：　眼房水の排出がうまくいかず、眼圧が高くなる。

　　未熟児網膜症：　網膜血管が未熟であること。未熟児にみられる。

　　網膜芽細胞腫：　網膜にできる悪性の腫瘍。

　　網膜色素変性：　網膜の視細胞の変性（色素沈着）により、夜盲や視野狭窄が起こ
　　　　　　　　　る。

　　視神経萎縮：　視神経の萎縮により、中枢への刺激伝達が不能。

　　網膜剥離：　網膜が脈絡膜から剥がれることにより、視力や視野が低下すること。

（5）行動等の特徴

　　盲児：　初めて経験する事柄、未知の場面で、慣れるまで支援が必要な場合が多い。
　　　　　　日常生活における環境の判断は、聴覚に頼ることが多い。
　　　　　　物音、反射音等が環境判断の手掛かりになる。

　　弱視児：　見ようとする対象に目を著しく近づける傾向がある。
　　　　　　　良い方の眼だけを使うので、遠近感覚が不十分になり、ボール遊び、目と手
　　　　　　　の協応等が不得手であることが多い。

　　視野狭窄：　横から近づくものに気づきにくい。
　　　　　　　　ボールを投げられた場合、身体に当たるまで気づかないことがある。

　　夜盲：　少しでも暗い所では手探りになる。
　　　　　　夕方になると戸外で遊ぶことができず、雨降りの日等は行動が慎重になる傾向
　　　　　がある。

(6) 教育課程の編成

　1) 特別支援学校　　　3.8%

　　①障害の程度

　　　　学校教育法施行令第22条の3

　　　　　両眼の視力がおおむね0.3未満のものまたは視力以外の視機能障害が高度の
　　　 もののうち、拡大鏡等の使用によっても通常の文字、図形等の視覚による認識
　　　が不可能または著しく困難な程度のもの。

　　②原則

　　　　特別支援学校小学部・中学部新学習指導要領「総則」

　　　　　特別支援学校学習指導要領に依拠する。

　　　　　視覚障害のほか、他の障害も併せ持っている者（重複障害者）については、
　　　下学年の教材を教えたり、自立活動を主とした指導を行ったりすることができ
　　　る。

　2) 弱視特別支援学校　　　0.3%

　　①障害の程度

　　　　2013年　文部科学省通知

　　　　　拡大鏡等の使用によっても通常の文字、図形等の視覚による認識が困難な
　　　程度のもの。

　　②原則

　　　　学校教育法施行規則第138条、139条

　　　　公立義務教育諸学校の学校編成および教職員定数の標準に関する法律第3条
　　　第2項

　　　　　小学校や中学校の学習指導要領に依拠する。

　　　　　特別支援学校学習指導要領を参考にするなど、特別の教育課程によることが
　　　できる。

　　　　　その場合、文部科学大臣の検定を経た教科用図書以外の他の適切な教科用
　　　図書を用いることができる。

　　　　　少人数の学級編制等の配慮も求められる。公立の小・中学校における1特別
　　　支援学級あたりの児童生徒数の標準は8人。

　3) 弱視通級指導教室　　　0.2%

　　①障害の程度

　　　　　拡大鏡等の使用によっても通常の文字、図形等の視覚による認識が困難な程度
　　　の者で、通常の学級での学習におおむね参加でき、一部特別な指導を必要とする
　　　もの。

②原則

　学校教育法施行規則第 140 条

　　小学校や中学校の学習指導要領に依拠する。

　　特別支援学校学習指導要領を参考にするなど、特別の教育課程によることができる。

(7) 特別支援学校における教育

　特別支援学校小学部・中学部新学習指導要領「各教科」

　　児童が聴覚、触覚および保有する視覚等を十分に活用して、具体的な事物・事象や動作と言葉とを結び付けて、的確な概念の形成を図り、言葉を正しく理解し活用できるようにすること。

　　児童の視覚障害の状態等に応じて、点字または普通の文字の読み書きを系統的に指導し、習熟させること。なお、点字を常用して学習する児童に対しても、漢字・漢語の理解を促すため、児童の発達の段階等に応じて適切な指導が行われるようにすること。

　　児童の視覚障害の状態等に応じて、指導内容を適切に精選し、基礎的・基本的な事項に重点を置く等して指導すること。

　　視覚補助具やコンピュータ等の情報機器、触覚教材、拡大教材および音声教材等各種教材の効果的な活用を通して、児童が容易に情報を収集・整理し、主体的な学習ができるようにするなど、児童の視覚障害の状態等を考慮した指導方法を工夫すること。

　　児童が場の状況や活動の過程等を的確に把握できるよう配慮することで、空間や時間の概念を養い、見通しをもって意欲的な学習活動を展開できるようにすること。

(8) 自立活動

　1) 内容

　特別支援学校小学部・中学部新学習指導要領「自立活動」

　　自立活動の指導にあたっては、個々の児童または生徒の障害の状態や発達の段階等の的確な把握に基づき、指導の目標および指導内容を設定し、個別の指導計画を作成するものとする。その際、第 2 に示す内容の中からそれぞれに必要とする項目を選定し、それらを相互に関連付け、具体的に指導内容を設定するものとする。

　2015 年　国立特別支援教育総合研究所「特別支援教育の基礎・基本」

　　視覚障害児の場合、予測と確かめの技能を高めることが求められる。

①健康の維持・改善と管理に関する内容

　　自己の健康や障害の状態の理解。

　　健康状態の回復、再発の予防。

　　眼疾患に伴う視覚管理。

②心理的な安定や意欲の向上に関する内容

　　視覚障害に起因する心理的な不適応への対応。

　　視覚障害に基づく種々の困難を改善・克服しようとする意欲。

③探索能力の向上に関する内容

　　視覚的な認知能力の向上。

　　弱視レンズ等の視覚補助用具の活用。

　　触覚や聴覚の活用。

　　触覚による観察の仕方。

　　ボディ・イメージや空間概念の形成。

　　地理的な概念の形成。

　　欠けた感覚情報の予測と既にもっている情報を手掛かりとした次に来る情報の予測。

④適切な姿勢や運動における動作の習得

⑤歩行能力の向上に関する内容

　　歩行軌跡の表現と歩行地図の活用。

　　歩行の基本的技術。

　　白杖の活用。

　　歩行計画の作成。

⑥作業能力の向上に関する内容

⑦日常生活技能の向上に関する内容

⑧コミュニケーション能力の向上に関する内容

　　意思の相互伝達。

　　場に応じたコミュニケーションの仕方。

　　点字の初期指導および中途視覚障害者に対する点字指導。

　　点字使用者に対する普通文字の指導。

　　コンピュータや情報通信ネットワーク等の情報手段の活用。

2）授業時数

特別支援学校小学部・中学部新学習指導要領「総則」

　　小学部または中学部の各学年の自立活動の時間に充てる授業時数は、児童または生徒の障害の状態に応じて、適切に定めるものとする。

(9) 教育の実際

1) 的確な概念の形成と言葉の使用

　児童が聴覚、触覚および保有する視覚等を十分に活用して、具体的な事物・事象や動作と言葉とを結び付けて、的確な概念の形成を図り、言葉を正しく理解し活用できるようにすること。

　見学や調査等の体験的な学習によって経験の拡充を図ったり、観察や実験、操作活動等によって直接体験させ、具体的なイメージを形づくったりすることができるような配慮。

　児童生徒が保有する感覚を活用して事物等をとらえることができるよう配慮するとともに、それと言葉を結び付けていくことが重要。

2) 点字等の読み書きの指導

　児童の視覚障害の状態等に応じて、点字または普通の文字の読み書きを系統的に指導し、習熟させること。なお、点字を常用して学習する児童に対しても、漢字・漢語の理解を促すため、児童の発達の段階等に応じて適切な指導が行われるようにすること。

　点字の表記法をふまえた系統的な指導が必要。

　点字の読み書きを速くする指導も大切であり、特に読みについては、内容を読み取りながら、その先を予測して読み進む方法を併せて教育すると効果的。

3) コンピュータ等の活用

　触覚教材、拡大教材、音声教材等の活用を図るとともに、児童が視覚補助具やコンピュータ等の情報機器等の活用を通して、容易に情報の収集や処理ができるようにするなど、児童の視覚障害の状態等を考慮した教育方法を工夫すること。

　盲児童生徒に対する教育を行うにあたっては、凸図や模型等の触覚教材や音声教材を活用して視覚的な情報を触覚や聴覚で把握できるようにしたり、モデル実験を行ったりするなど、教育内容・方法を工夫することが大切。

　弱視児童生徒に対する指導の効果を高めるためには、一人ひとりに適した大きさの文字や図の拡大教材や各種の弱視レンズ、拡大読書器等の視覚補助具を活用したり、机や書見台、照明器具等を工夫して見やすい環境を整えたりすることが大切。

4）見通しをもった学習活動の展開

　児童が空間や時間の概念を活用して場の状況や活動の過程等を的確に把握できる
よう配慮し、見通しをもって意欲的な学習活動を展開できるようにすること。

　空間や時間の概念を活用して、授業が行われている教室や体育館、校庭等の
場の状況や、取り組んでいる学習活動の課程等を的確に把握できるよう十分配慮する
ことが大切。

　系統的な地図指導や図形指導等によって、空間や時間の概念の形成を図ったり、実
習や実技等の学習において、自分を基準とした位置関係で周囲の状況を把握したりし
て、時間的な見通しをもって行動できるように指導する必要がある。

5）

　①機能

　　　緩衝機能：　衝撃をやわらげ、身体を保護する。

　　　探知機能：　路面の様子等を探る。

　　　シンボル機能：　視覚障害者であることを周囲に示す。

　②操作法

　　　タッチテクニック：　手首を支点にして、弧を描くように左右に振る。
　　　　　　　　　　　　　地面の変化や障害物の有無を把握できる。

　　　スライド法：　石突を地面にすべらせながら振る、足元の安全な確認ができ
　　　　　　　　　　る。

6）点字教科書

　①種類

　　　小学部：　国語、社会、算数、理科。

　　　中学部：　国語、社会、数学、理科、英語。

　　　　　著作権は文部科学省にある。

　②編集方針

　　　原典の内容そのものの大幅な変更は行わないこと。

　　　原典の内容を修正したり、差し替えたりする場合には、児童の特性を考慮する
　　　とともに、必要最小限にとどめること。

7）代表的な教材・教具

　①主として盲児用

　　　オプタコン：　視覚障害者用の読書器。
　　　　　　　　　　小型カメラでとらえた文字を振動に変換して、指先で読み取る。

　　　音声読書システム：　教科書や新聞等の文書を音声で読む。

音声ワープロソフト：　普通文字、漢字仮名混じり文を書く。

感光器：　光を音に変換する装置。

理科の実験で、試験管内の色の変化を調べる特等に調べる。

点字エディタ・プリンタ：　点字文書を作成する。

表面作図器（レーズライター）：　弾力性のある面に書いた文字や図形がそのまま浮き上がる。触図教材の作成が可能。

②主として弱視児用

遠用弱視レンズ：　遠くの物を見るための単眼鏡。

拡大読書器：　カメラで撮影した映像を、モニタ画面に表示する。

弱視レンズよりも高い拡大率が得られる。

画面拡大ソフト：　パソコンの出力映像を拡大して画面に提示。

近用弱視レンズ：　手元の小さな物を見るためのルーペ。

卓上型、手持ち型、眼鏡型がある。

斜面机：　身体をかがめなくても本が読める。

類似の機能をもつものとして、書見台がある。

8）進路

大学や専攻科への進学が多い。

製造・制作作業者が多い。

あん摩マッサージ指圧師、はり師、きゅう師の国家資格を取得し、就職・開業する者も多い。

3.

（1）概念

聞こえるしくみ：　耳介から外耳道を通って、内耳の感覚細胞へと至る。

そこから聴神経を経て脳に到達することで、音情報となる。

音の振動が内耳に伝え在る経路

気導：　振動が外耳、内耳を通る経路。

骨導：　頭蓋の振動となって直接内耳を振動する経路。

聴覚障害：　聴覚機能の永続的低下の総称。

ほとんどが感覚感度の低下を示す聴力障害。

乳幼児期には、情緒・社会性、言語発達、コミュニケーションに課題。

障害の部位による分類

　　伝音性難聴：　伝音系の部位に障害がある場合。
　　感音性難聴：　感音系の部位に障害がある場合。
　　　　　　　　　　内耳性と後迷路性の障害に分かれる。

(2) 程度
　1) 大分類
　聾：　補聴器を使用しても、身の回りの音や会話の聞き取りが困難。
　難聴：　補聴器の使用により、日常生活にさほど支障がなく、会話の聞き取りもある
　　　　　程度可能。

　2) 小分類（聴力レベル dB によって分類）
　　正常（25dB 未満）
　　軽度難聴（25〜50dB 未満）：　普通の会話
　　中等度難聴（50〜70dB 未満）：　大声の会話
　　高度難聴（70〜90dB 未満）：　セミの声
　　聾（90dB 以上）　　　　　叫び声

　　特別支援学校の対象となる者の聴力レベルはおおむね　　　　　　　dB 以上。
　　（学校教育法施行令第 22 条の 3）

(3) オージオグラム　　　人間の聴力レベルの計測。
　各周波数（Hz）の聴力レベル（dB）を視覚的に表現。

聴力型
　水平型：　各周波数の聴力が同レベル。耳硬化症、感音性聴覚障害。
　低音障害型：　低音部の聴力が悪い。伝音性難聴、メニエル病。
　高音障害漸傾型：　高音になるほど聞こえにくい。感音性障害。
　高音障害急墜型：　高音部で急激に重度になる。感音難聴、薬物中毒。
　dip 型：　限局した周波数帯の聴力が極端に悪い。音響外傷、頭部外傷。

(4) 原因
　　遺伝性：　聴覚障害、外耳奇形、眼疾患、系統疾患、腎疾患、代謝異常等。
　　　　　　　単一型の感音性聴覚障害。

　　獲得性
　　　胎生期：　母体感染症、風疹、その他ウイルス感染症。
　　　周産期：　難産、低出生体重、分娩外傷、新生児仮死、核黄疸、内耳出血等。
　　　後天性：　髄膜炎、麻疹、流行性耳下腺炎、その他のウイルス疾患、熱性疾患、中
　　　　　　　　耳炎等。

(5) 特別支援学校における教育
　　特別支援学校小学部・中学部新学習指導要領「各教科」
　　　体験的な活動をとおして、学習の基盤となる語句等について的確な言語概念の形成
　を図り、児童の発達に応じた思考力の育成に努めること。
　　　児童の言語発達の程度に応じて、主体的に読書に親しんだり、書いて表現したりす
　る態度を養うように工夫すること。」。
　　　児童の聴覚障害の状態等に応じて、音声、文字、手話、指文字等を適切に活用し
　て、発表や児童同士の話し合い等の学習活動を積極的に取り入れ、的確な意思の相互
　伝達が行われるよう指導方法を工夫すること。
　　　児童の聴覚障害の状態等に応じて、補聴器や人工内耳等の利用により、児童の保有
　する聴覚を最大限に活用し、効果的な学習活動が展開できるようにすること。
　　　児童の言語概念や読み書きの力等に応じて、指導内容を適切に精選し、基礎的・基
　本的な事項に重点を置くなど指導を工夫すること。
　　　視覚的に情報を獲得しやすい教材・教具やその活用方法等を工夫するとともに、コ
　ンピュータ等の情報機器等を有効に活用し、指導の効果を高めるようにすること。

(6) 教育課程の編成
　　1) 特別支援学校
　　　学校教育法施行令第 22 条の 3
　　　　両耳の聴力レベルがおおむね 60 デシベル以上のもののうち、補聴器等の使用に
　　　よっても通常の話声を解することが不可能または著しく困難な程度のもの。

幼稚部

　　補聴器等を活用して子ども同士のコミュニケーション活動を活発にし、話し言葉の習得を促すなどして言語力の向上を図る。

小・中学部

　　小・中学校に準じた教科指導等を行い、基礎学力の定着を図るとともに、書き言葉の習得や抽象的な言葉の理解に努める。

　　発達段階等に応じて指文字や手話等を活用したり、自己の障害理解を促したりするなど自立活動の指導にも力を注ぐ。

高等部

　　普通科の他に産業工芸や機械、印刷、被服、情報デザイン等の多様な職業学科が設置され、生徒の適性や希望等に応じた職業教育が行われる。

2）難聴特別支援学級　　　　1,000 人程度在籍
　①対象

　　2013 年　文部科学省「障害のある児童生徒等に対する早期からの一貫した支援について」通知

　　補聴器等の使用によっても通常の話声を解することが困難な程度のもの。

　②重点事項

　　1996 年　文部省「一人ひとりを大切にした教育」

　　　保有する聴力を活用するための補聴器を装用する指導、音や言葉を聞き取る教育、それらを聞き分ける教育に重点を置く。

　　　発音・発語の明瞭度を高めるための指導、抽象的な言語概念を形成するための教育、視覚的な手立てを活用して話し言葉を読み取る教育も行われる。

3）難聴通級指導教室　　　　2,000 人程度在籍
　①対象

　　2013 年　文部科学省「障害のある児童生徒等に対する早期からの一貫した支援について」通知

　　　補聴器等の使用によっても通常の話声を解することが困難な程度の者で、

　　通常の学級での学習におおむね参加でき、一部特別な教育を必要とするもの。

　②重点事項

　　1996 年　文部省「一人ひとりを大切にした教育」

　　　補聴器の装用に関する教育、発音の矯正・語彙の拡充に関する教育とともに、発達の段階等に応じて、障害の自覚に関する教育も実施される。

　　　教科の教育も実施される。

(7) 自立活動

　2015 年　国立特別支援教育総合研究所「特別支援教育の基礎・基本」

　1) 教育内容

　　①聴覚活用

　　　ⅰ補聴器（人工内耳）の取扱い

　　　ⅱ補聴器（人工内耳）の装用習慣

　　　ⅲ音・音楽の聞き取りについて

　　　ⅳ言葉の聞き取りについて

　　　ⅴ聴力・補聴器等についての知識

　　　ⅵ聴覚活用への関心・意欲

　　②発音・発語

　　　ⅰ音器関係（息・声・舌・あご・唇等）

　　　ⅱ単音（母音・子音）

　　　ⅲ語句・文

　　③コミュニケーション・言語

　　　ⅰコミュニケーションの意欲・態度

　　　ⅱコミュニケーションの手段

　　　ⅲ語彙、文、文章等による理解と表出

　　　ⅳ正しい発声、発語

　　④障害認識

　2) 教育方法

　　個別指導、一斉指導、グループ別指導等。実態に即して、適宜組み合わせる。

　3) 評価

　　「特別支援学校学習指導要領解説」（自立活動編）

　　　　自立活動における幼児児童生徒の学習の評価は、実際の教育が個々の幼児
　　　児童生徒の教育の目標（ねらい）にてらしてどのように行われ、幼児児童生徒
　　　がその教育の目標の実現に向けてどのように変容しているかを明らかにする
　　　ものである。いわゆる個人内評価の考え方に通じるものである。

　4) 個別の指導計画

　　2015 年　国立特別支援教育総合研究所「特別支援教育の基礎・基本」

　　保有する感覚の活用に関すること。

　　感覚を総合的に活用した周囲の状況の把握に関すること。

コミュニケーションの基礎的能力に関すること。

言語の受容と表出に関すること。

言語の形成と活用に関すること。

コミュニケーション手段の選択と活用に関すること。

特別支援学校学習指導要領解説　幼児では身振り言語　児童生徒では手話や指文字

　　コミュニケーション手段：　聴覚活用、読話、発音・発語、文字、

キュード・スピーチ（口形や手の動きで語音を表すもの）、指文字、手話。

(8) 教育の実際

1) 手話・指文字

①歴史

17 世紀　フランス　ド・レペ　手話法を教育方法として実践。

スペイン　ペドロ・ポンセ　指文字を聴覚障害者教育に導入。

日本　京都　盲唖院　学校における手話を用いた教育を開始。

大阪市立聾学校　大曽根源助　日本語の 50 音に対応した指文字を考案。

2) 補聴器と人工内耳

①補聴器

箱型補聴器：　操作が容易。価格が安い。大きくて目立ちやすく活動に不便。

耳かけ型補聴器：　ハウリング起きにくく最大出力を高くできる。汗に弱い。

挿耳型補聴器：　小さいので装用しても目立たない。操作しにくくハウリング

　　　　　　　　　が起きやすいので最大出力を高くできない。

②集団補聴システム

磁気誘導ループ式、赤外線方式、FM 方式。

③人工内耳

蝸牛に電極を埋め込み、聴神経を電気刺激する。

体内部分（インプラント）と体外部分（スピーチプロセッサ）から成る。

後者から前者に音声記号と電力が送られる。

3) 職業教育・進路指導　　　　聴障 39.8%　全体 29.4%

特別支援学校高等部　独自の教科

印刷：　印刷概論、写真製版、印刷機器・材料等。

理容・　美容：理容・美容関係法規、衛生管理等。

クリーニング：　クリーニング関係法規、公衆衛生等。

歯科技工：　歯科技工関係法規、歯の解剖学等。

4.
（1）音声の発声

   呼吸：   呼吸器官の肺にて声の源である呼気がつくられる。

   発声：   発声器官の喉頭にて、呼気が音源に変換される。

   構音：   構音器官の声道にて、共鳴特性が加わり、特徴をもった言語音になる。

   発声器官：   発声器官の咽頭は、4つの軟骨（甲状軟骨、輪状軟骨、披裂軟骨、喉頭蓋軟骨）から構成される。喉頭の内側に声帯がある。

   構音器官：   咽頭、口腔、鼻腔によって、言語音となるのに必要な共鳴特性が加えられる。

（2）言語障害

  1）定義

   発音が不明瞭であったり、話し言葉のリズムがスムーズでなかったりするため、話し言葉によるコミュニケーションが円滑に進まない状況であること、また、そのため本人が引け目を感じる等社会生活上不都合な状態。

  2）種類

   ①構音障害

     音に共鳴特性を加えて言語音にする構音器官の障害のため、発せられる言語音に異常があること。特に、口蓋裂によるものが現場でよく取り扱われる。

     口蓋裂とは、上顎が生まれつき避けていることをいう。

   ②吃音

     なめらかな発音ができない状態。流暢性障害ともいう。

     連発性吃音：   最初の音を何回も繰り返す。

     伸発性吃音：   最初の音を長く引き伸ばす。

     難発性吃音：   声が出にくい状態。話の始めのみならず、途中でも生じる。手や足を過度に動かす症状を伴うことがある。

   ③言語発達遅滞

     話す、聞く等、基本的な言語機能の発達の遅れに起因する言語障害。

(3) 教育課程

　1) 特別支援学級　　　　1,700人程度、0.8%。

　2013年　文部科学省「障害のある児童生徒等に対する早期からの一貫した支援について」通知

　　①障害の程度

　　　　口蓋裂、構音器官のまひ等器質的または機能的な構音障害のある者、吃音等話し言葉におけるリズムの障害のある者、話す、聞く等言語機能の基礎的事項に発達の遅れがある者、その他これに準じる者（これらの障害が主として他の障害に起因するものではない者に限る。）で、その程度が著しいもの。

　　②教育課程

　　　ⅰ言語障害の状態の改善または克服を目的とする教育

　　　　　自立活動における言語機能の基礎的事項の教育等。

　　　ⅱ各教科等の教育

　　　　　特別支援学級での個別指導と、通常の学級での指導からなる。後者は、生活科や体育等、集団指導が望まれる教科等の教育を行う。

　2) 通級指導教室　　　　36,000人、50%

　　①対象

　　　　口蓋裂、構音器官のまひ等器質的または機能的な構音障害のある者。吃音等話し言葉におけるリズムの障害のある者、話す、聞く等言語機能の基礎的事項に発達の遅れがある者、その他これに準じる者（これらの障害が主として他の障害に起因するものではない者に限る。）で、通常の学級での学習におおむね参加でき、一部特別な教育を必要とするもの。

　　②教育課程

　　　ⅰ構音による学習上または生活上の困難を改善・克服するための教育　特別支援

　　　　正しい音の認知や模倣

　　　　構音器官の運動の調整

　　　　発音・発語教育等、構音の改善に関わる教育

　　　　話し言葉の流暢性を改善する教育（斉読法等による。）。

　　　　体験と結びつけた言語機能の基礎的事項に関する教育

　　　ⅱ各教科の内容を補充するための教育　　　小・中学校学習指導要領参考

　　　　言語障害によって遅れが生じている教科等の教育

（4）教育の実際

    1）構音障害

      ①分類

          器質的構音障害： 構音器官（唇、舌等）の異常によるもの。

                            口蓋裂によるものが多い。

          機能的構音障害： 誤った構音の仕方が固定化したもの。

                            構音器官に異常はない。

      ②主要タイプ

          置き換え： サ行の音とタ行の音を誤って発音する。

          省略： 必要な音を省略する。

          歪み： 特定の音が不正確に発音され、その結果、日本語に存在しない音として
認識される。

      ③教育内容

      ⅰ構音器官の運動機能の向上

      ⅱ音の聴覚的な認知力の向上

      言語のまとまりの中から特定の音の聞き出し、音と音の比較、誤った者と正しい音の聞き分け

      ⅲ構音の教育

      構音可能な音から誘導する、構音器官の位置や動きを指示して正しい構音運動を習得させる、結果的に正しい構音の仕方になる運動を用いる、聴覚的に正しい音を聞かせてそれを模倣させる。

    2）吃音

      ⅰ言語症状への教育・支援

      自由な雰囲気で楽に話すことを経験させる教育、流暢に話せたという自信を体験させる教育、流暢に話す教育、脱出法にかかわる教育、苦手な語や場面での緊張の解消、コミュニケーションに関する教育。

      ⅱ心理面に関する教育・支援

      ⅲ家庭・通常の学級等、周囲への啓発

    3）合理的配慮

      ①教育内容

      話すことに自信をもち積極的に学習等に取り組むことができるようにするための発音の教育を行う（一斉指導における個別的な発音の教育、個別指導による音読、九九の発音等の教育。）。

発音のしにくさ等を考慮した学習内容の変更・調整を行う（教科書の音読や音楽の合唱等における個別的な教育、書くことによる代替、構音指導を意識した教科教育等。）。

②教育方法

発音が不明瞭な場合には、代替手段によるコミュニケーションを行う（筆談、ICT 機器の活用等）。

発音等の不明瞭さによる自信の喪失を軽減するために、個別指導の時間等を確保し、音読、九九の発音等の教育を行う。

言語障害のある子どもが集まる交流の機会の情報提供を行う。

障害の種別に応じた教育２：　知的障害

1.　今日の目標

（1）知的障害に応じた教育について説明できる。

2.

（1）定義

　　2013 年　文部科学省「教育支援資料」

　　　一般に、同年齢の子どもと比べて、認知や言語等にかかわる知的機能が著しく劣り、

　　他人との意思の交換、日常生活や社会生活、安全、仕事、余暇利用等についての適応

　　能力も不十分であるので、特別な支援や配慮が必要な状態。

　　　発達期とは、一般に 18 歳以下とされる。

　　アメリカ精神遅滞学会（AAMR）「適応行動」

　　　「概念的適応スキル」：　言葉の理解と表現、読みと書き等。

　　　「社会的適応スキル」：　対人関係、責任性、自尊心、ナイーブさ等。

　　　「実際的適応スキル」：　食事、着衣、移動、排泄等の日常生活動作等。

（2）原因

　　「病理型」：　胎児期や出生後の栄養摂取や事故等、外因性の原因。　重度。

　　「生理型」：　知能に関連する多遺伝子の組み合わせによる。　軽度。

（3）病理的原因

　　1）代謝異常

　　　「フェニールケトン尿症」：　フェニールアラニンとその代謝物が脳に異常蓄積し、

　　　　　　　　　　　　　　　　知的障害を引き起こす遺伝疾患。

　　　「レシュ・ナイハン症候群」：　体内で過量の尿酸が排泄される。伴性劣性遺伝病の

　　　　　　　　　　　　　　　　一種。発症はほぼ男性に限られる。

2）染色体異常

　　「アンジェルマン症候群」： 15番染色体の欠損による。知的発達の遅れの他、
　　　　　　　　　　　　　　　　言語障害、歩行失調、笑い発作等を伴う。

　　「ウィリアムズ症候群」： 7番染色体の一部欠損による。視空間に関連する課題の
　　　　　　　　　　　　　　遂行に支障が生じる。

　　「クラインフェルター症候群」： 性染色体以上の一つ。男性にのみ起こる。
　　　　　　　　　　　　　　　　男性ホルモンが少ないので、第二次性徴期を迎えて
　　　　　　　　　　　　　　　　も男性的な身体にならない。

　　「ターナー症候群」： 性染色体異常の一つ。女性にのみ起こる。知的発達の遅れ
　　　　　　　　　　　　の他、低身長を特徴とする。

　　「ダウン症」： 21番染色体の過剰によって起きる成長や発達の障害、知的発達の
　　　　　　　　　遅れや、心疾患等の合併症を伴う。

　　「プラダー・ウィリー症候群」： 15番染色体の部分異常による。知的発達の遅れ
　　　　　　　　　　　　　　　　の他、筋緊張低下、肥満等が特徴。

3）出生後の外因
　　「クレチン病」： 甲状腺ホルモンの分泌が不十分になること。皮膚の乾燥、発汗減
　　　　　　　　　　少に加えて、知的障害が生じることもある。

　　「結節性硬化症」： 生後直後から皮膚に白斑ができる。学齢期になると、顔に血管
　　　　　　　　　　線維腫が出てくる。

　　「てんかん」： 脳の神経細胞の過剰な興奮が突発し、諸々の脳機能の障害が生じる。

（4）教育課程の編成
　1）特別支援学校　　　8割以上
　　学校教育法施行令第22条の3
　　　　知的発達の遅滞があり、他人との意思疎通が困難で日常生活を営むのに頻繁に
　　援助を必要とする程度のもの。
　　　　知的発達の遅滞の程度が前号に掲げる程度に達しないもののうち、社会生活への
　　適応が著しく困難なもの。

2）教育課程

学校教育法施行規則第 130 条第 2 項

　　特別支援学校の小学部、中学部または高等部においては、知的障害者である児童
もしくは生徒または複数の種類の障害を併せ有する児童もしくは生徒を教育する
場合において特に必要があるときは、各教科、特別の教科である道徳、外国語活動、
特別活動および自立活動の全部または一部について、合わせて授業を行うことが
できる。

「各教科等を合わせた指導」：　教科と領域（特別の教科である道徳、特別活動、自
　　　　　　　　　　　　　　　　立活動）の一部または全部を合わせて教育を行うこと。
「教科別の指導」：教科ごとの時間を設けて各教科等を合わせないで教育を行うこと。
「領域別の指導」：道徳、特別活動および自立活動の時間を設け、それらを合わせず、
　　　　　　　　　あるいは、それらと各教科とも合わせないで教育すること。

3）実態把握

2013 年　文部科学省「教育支援資料」

　　①原則

　　　　知的機能、身辺自立、社会生活能力等の状態の他、必要に応じて、運動機能、
　　生育歴および家庭環境、身体的状況、学力等。

　　②標準検査

　　　　知能検査や発達検査で把握。結果は、精神年齢、発達年齢、知能指数、
　　発達指数等で表す。適応行動は、生活能力等の検査で把握。結果は、社会性年齢、
　　社会性指数で表す。

(5) 知的障害者に対する教育を行う特別支援学校

1）小学部・中学部

特別支援学校小学部・中学部学習指導要領「各教科」

　　①教科の編成

　　　　小学部の教科は、生活、国語、算数、音楽、図画工作、体育である。
　　　　小学部の各教科の内容は、難易度に応じて、第 1 段階から第 3 段階に区分
　　されている。

　　　　中学部の教科は、国語、社会、数学、理科、音楽、美術、保健体育、職業・家庭
　　である。
　　　　必要がある場合、外国語科を設けることができる。」。

②授業計画の作成と各教科全体にわたる内容の取扱い　　　　小学部　中学部同様。
　指導計画の作成にあたっては、個々の児童の知的障害の状態、生活年齢、学習
状況や経験等を考慮しながら、各教科の目標および内容を基に、6年間を見通して、
全体的な指導計画に基づき具体的な指導目標や指導内容を設定するものとする。

　個々の児童の実態に即して、教科別の指導を行うほか、必要に応じて各教科、
道徳科、外国語活動、特別活動および自立活動を合わせて指導を行うなど、効果的
な指導方法を工夫するものとする。
　その際、各教科等において育成を目指す資質・能力を明らかにし、各教科等の
内容間の関連を十分に図るよう配慮するものとする。

　個々の児童の実態に即して、生活に結び付いた効果的な指導を行うとともに、
児童が見通しをもって、意欲をもち主体的に学習活動に取り組むことができる
よう指導計画全体を通して配慮するものとする。

　児童の実態に即して自立や社会参加に向けて経験が必要な事項を整理した上で、
指導するよう配慮するものとする。

　学校と家庭とが連携を図り、児童の学習過程について、相互に共有するととも
に、児童が学習の成果を現在や将来の生活に生かすことができるよう配慮する
ものとする。

　児童の知的障害の状態や学習状況、経験等に応じて、教材・教具や補助用具等を
工夫するとともに、コンピュータや情報通信ネットワークを有効に活用し、教育の
効果を高めるようにするものとする。

2）高等部　　　　知的障害者の割合　　　　88.2%
特別支援学校高等部学習指導要領「各教科」
　①教科の構成
　　共通科目：国語、社会、数学、理科、音楽、美術、保健体育、職業、家庭。
　　　　　　　外国語と情報は学校や生徒の実態を考慮して必要に応じて設ける。
　　専門教科：家政、農業、工業、流通・サービス、福祉、学校設定教科。

②指導計画の作成と各教科全体にわたる内容の取扱い

　　職業および家庭の指導計画の作成にあたっては、職業生活、家庭生活に必要な実際的な知識、技能および態度の形成に重点を置いた指導が行われるよう配慮するものとする。

　　実習を行うにあたっては、施設・設備の安全管理に配慮し、学習環境を整えるとともに、事故防止の指導を徹底し、安全と衛生に十分留意するものとする。

(6) 自立活動
　1) 原則
　　学校教育法施行規則第 130 条第 2 項
　　　自立活動の指導に際しては、個別の指導計画を作成することとされる。
　　　知的障害児の教育を行う特別支援学校では、各教科、道徳、特別活動および自立活動の全部または一部を合わせた指導が行われることが多い。
　　　この場合でも、自立活動について個別の指導計画を作成する。

　　　特別支援学校学習指導要領が定める自立活動の教育内容は、6 区分 27 項目からなる。
　　　知的障害児の自立活動では、必要とされる自立活動の内容がすべての区分において想定される。

　2) 内容
　　2015 年　国立特別支援教育総合研究所「特別支援教育の基礎・基本」
　　　①健康の保持
　　　　　知的障害者のうち、てんかんや心臓病等を併発している場合は、当人の生活リズムの安定を図る等の内容が考えられる。
　　　　　体力低下を防ぐため、食生活と健康について実際に生活に即して学習するなど、日常生活における自己の健康管理のための教育も大切。
　　　②心理的な安定
　　　　　自閉症の児童生徒の場合、予告なしの避難訓練や、急な予定変更等に対応できず、混乱することがある。
　　　　　その場合、予想される事態や状況を予告したり、事前に体験できる機会を設定したりすることが大切。
　　　③人間関係の形成
　　　　　知的障害児の場合、過去の失敗体験等の積み重ね等により、自分に対する自信がもてず、行動することがためらいがちになることがある。

その場合、容易にできる活動を設定し、成就感を味わうことができるようにし、徐々に自信を回復しながら、自己の理解を深めさせていく。

④環境の把握

知的障害児の場合、感覚と運動が未分化であることも考えられる。

視覚、聴覚、触覚等の感覚を使って外界を探索できる状況づくりを進め、適切に援助することが大切。

⑤身体の動き

基本的な動きの教育から始め、徐々に複雑な動きを教育する。

衣服の着脱や食事等では、使いやすい用具等を用いながら手元をよく見るよう教育し、集中して取り組めるよう、環境を整える。

⑥コミュニケーション

知的障害のある児童生徒は、発声を指差し、身振りやしぐさ等をコミュニケーション手段として適切に活用できない場合がある。

その場合、児童生徒が欲しいものを要求する場合等で、ふさわしい身振りを教育し、発声を要求の表現として意味づけることが大切。

3）留意事項

自立活動の授業時数は、児童生徒の実態に応じて、各学校が適切に定める。自立活動の授業時数は、標準として規定されていない。

個人あるいは小集団での教育を行うなど、効果的な教育を進める。

段階的に短期の目標を達成し、長期の目標の達成につながる。

自立活動の教育内容の選定にあたっては、児童生徒が興味をもって主体的に取り組み、成就感を味わうことができることを念頭に置く。

(7) 教育の実際　　　施設入所6割以上、就職3割程度

1）学習上の特性

「特別支援学校小学部・中学部学習指導要領解説」

学習によって得た知識や技能が断片的になりやすく、実際の生活の場で応用されにくいこと。

成功経験が少ないこと等により主体的に活動に取り組む意欲が十分に育っていないこと。

実際的な生活経験が不足しがちであることから、実際的・具体的な内容の教育が必要であり、抽象的な内容の教育よりも効果的。

2）教育的対応

「特別支援学校小学部・中学部学習指導要領解説」

　　　児童生徒の実態等に即した指導内容を選択・組織する。

　　　児童生徒が、自ら見通しをもって行動できるよう、日課や学習環境等をわかりやすくし、規則的でまとまりのある学校生活が送れるようにする。

　　　望ましい社会参加を目指し、日常生活や社会生活に必要な技能や習慣が身につくよう教育する。

　　　職業教育を重視し、将来の職業生活に必要な基礎的な知識や技能および態度が育つよう教育する。

　　　生活に結び付いた具体的な活動を学習活動の中心に据え、実際的な状況下で教育する。

　　　生活の課題に沿った多様な生活経験を通して、日々の生活の質が高まるよう教育する。

　　　児童生徒の興味・関心や得意な面を考慮し、教材・教具等を工夫するとともに、目的が達成しやすいように、段階的な教育を行うなどして、児童生徒の学習活動への意欲が育つよう教育する。

　　　できる限り児童生徒の成功体験を豊富にするとともに、自発的・自主的な活動を大切にし、主体的活動を促すよう教育する。

　　　児童生徒一人ひとりが集団において役割が得られるよう工夫し、その活動を遂行できるよう教育する。

　　　児童生徒一人ひとりの発達の不均衡な面や情緒の不安定さ等の課題に応じて教育を徹底する。

3）内容構成

「特別支援学校学習指導要領解説」

　　　対象とする児童生徒の学力等が、同一学年であっても、知的障害の状態や経験等が様々であり、個人差が大きいため、段階を設けて示した方が、個々の児童生徒の実態等に即し、各教科の内容を選択して教育しやすいため。

4）教科・領域を合わせた教育

「日常生活の指導」

　　　児童生徒の日常生活が充実し、高まるように日常生活の諸活動を適切に教育するもの。

日常生活の自然な流れに沿い、その活動を実際的で必然性のある状況下で行うものであること。

　　毎日反復して行い、望ましい生活習慣の形成を図るものであり、繰り返しながら、発展的に取り扱うようにすること。

「遊びの指導」

　　遊びを学習活動の中心に据えて取り組み、身体活動を活発にし、仲間とのかかわりを促し、意欲的な活動をはぐくみ、心身の発達を促していくもの。

　　児童が、積極的に遊ぼうとする環境を設定すること。

　　教師と児童、児童同士のかかわりを促すことができるよう、場の設定、教師の対応、遊具等を工夫すること。

「生活単元学習」

　　児童生徒が生活上の目標を達成したり、課題を解決したりするために、一連の活動を組織的に経験することによって、自立的な生活に必要な事柄を実際的・総合的に学習するもの。

　　単元は、実際の生活から発展し、児童生徒の知的障害の状態等や興味・関心等に応じたものであり、個人差の大きい集団にも適合するものであること。

　　単元は、必要な知識・技能の獲得とともに、生活上の望ましい習慣・態度の形成を図るものであり、身に付けた内容が生活に生かされるものであること。

「作業学習」

　　作業活動を学習活動の中心にしながら、児童生徒の働く意欲を培い、将来の職業生活や社会自立に必要な事柄を総合的に学習するもの。

　　生徒にとって教育的価値の高い作業活動等を含み、それらの活動に取り組む喜びや完成の成就感が味わえること。

　　地域性に立脚した特色をもつとともに、原料・材料が入手しやすく、永続性のある作業種を選定すること。

5）情報機器の活用

　アシスティブ・テクノロジー：個々の身体機能や認知理解度に応じて、きめ細かな技術的支援方策。知的障害者の適応行動の困難性を補う手段の一つ。

　VOCA：音声表出コミュニケーション支援装置 Voice Output Communication Aid。音声言語の表出が困難な児童生徒の支援機器として普及している。

障害の種別に応じた教育3：　肢体不自由

1．今日の目標
（1）肢体不自由に応じた教育について説明できる。

2．
（1）定義
　　身体の動きに関する器官が、病気やけがで損なわれ、歩行や筆記等の日常生活動作が
困難な状態。
　　医学的には，発生原因の如何を問わず、四肢体幹に永続的な障害があるものをいう。

（2）原因
　　　　　　　　　の障がい：　脳性まひ、脳水腫、脳外傷後遺症等。
　　　　　　　　　の障がい：　進行性筋ジストロフィー等。
　　　　　　　　　の障がい：　ペルテス病、二分脊椎等。

（3）脳の構造と機能
　　大脳：　記憶等の高次機能の中心。
　　間脳：　内臓や血管の活動を調節。
　　中脳：　歩行運動の調節、姿勢の保持。
　　橋：　大脳と脊髄の連絡路。
　　延髄：　運動の指令を中継。
　　小脳：　随意運動の調節

（4）
　　1）定義
　　　1968年　厚生省研究班
　　　　受胎から新生児期までの間に生じた、脳の非進行性病変に基づく、永続的な、しか
　　し変化しうる運動および姿勢の異常である。進行性疾患や一過性運動障害、または
　　将来正常化するであろうと思われる運動発達遅延は除外する。

2）病型

    痙直型：　伸張反射の亢進によって四肢の伸展や屈曲が困難になる状態。

    アテトーゼ型：　自らの意思に関係なく四肢等に異常運動が起こる状態。
               不随意運動型ともいう。

    失調型：　身体の平衡機能の障害により座位や立位のバランスが悪くなっている
        状態。

    固縮型：　上肢や下肢を屈曲する場合、抵抗感がある状態。四肢まひの状態が多い。
        強剛型ともいう。

3）分類

    四肢まひ：　両腕・両脚がまひする。

    対まひ：　両脚だけがまひする。

    片まひ：　左右片方の腕ないしは足がまひする。

4）非対称性緊張性頸反射

    顔を横に向けたとき、向けた側の手足は伸展し、反対側の手足が曲がること。
    乳児にもともと備わっている原始反射の一つである。
    脳性まひ児の場合、これが学齢期になっても残存する。

（5）

1）概念

  進行性疾患で，筋力が次第に低下して運動に困難が生じる。
  呼吸筋の筋力低下によって呼吸が困難になる。

2）類型

    デュシェンヌ型：　4～5歳以前に発症。X染色体劣性遺伝。男子のみに発症。
               ぎこちない歩行等から気づかれる。
               筋萎縮が顕著となり、歩行ができなくなり、10歳頃で車いす
        生活となる。
               筋ジストロフィーの中で最も多い。

    ベッカー型：　幼児期以降に発症。X染色体性劣性遺伝。男子のみに発症。
             症状はデュシェンヌ型とほぼ同じであるが、発症時期が遅い。
             経過は緩慢。

福山型：　乳児期早期に発症。常染色体性劣性遺伝。男女に発症。
　　　　　先天型であり、乳児期早期から筋緊張低下、筋力低下がみられる。

筋強直性型：　出生時に発症。常染色体性優生遺伝。男女に発症。
　　　　　　先天型と成人型に分かれる。
　　　　　　前者では、出生時から著しい筋力低下がみられる。

(6)　二分脊椎
　1）概念
　　先天性の脊髄形成異常により、両下肢の神経と筋のまひが起こるもの。
　　膀胱直腸障害が伴い、脳に合併症が起こりやすい。
　　水頭症や知的障害を合併することもある。

　2）2つのタイプ
　　嚢胞性二分脊椎：　脊柱管の内容物が背中から出ているもの。
　　　　　　　　　　髄膜や神経組織のヘルニアを伴う。症状が重い。
　　潜在性二分脊椎：　上記のような症状がないもの。

(7)　その他の疾患
　レット症候群：
　　幼児期の初期から、上肢の特有な常同運動や歩行障害が生じる。重度の精神遅滞も
　伴う。X染色体の遺伝子の異常による疾患。ほとんどの場合、女子のみに表れる。

　ペルテス病：
　　大腿骨頭が部分的に壊死して、つぶれた状態になり、股関節の疼痛と足をひきずる
　ような歩行を伴う。治療を行っている部分の運動制限はあるが、その他の部位につい
　ては筋力が低下しないように機能訓練が必要。

　てんかん：
　　発作的に脳の神経細胞に異常な電気的興奮が起こり、その結果、意識、運動、感覚
　等の突発的な異常をきたす病気。発作型は、大きく部分発作と全般発作に分けられ
　る。大部分のてんかんは、続けて服薬することにより、発作をコントロールすること
　ができる。確実な服薬が重要。

(8) 実態把握

1）原始反射

モロー反射：

　頭をちょっと持ち上げ、支えている手を急に離して頭を背屈させると、両腕を広げ、何かに抱きつくような動作をみせる。

パラシュート反射：

　身体が前方に倒れそうになった時、手を広げ、腕を伸ばして支えようとする。

非対称性緊張性頸反射：

　顔を横に向けた時、向けた側の手足は伸展し、反対側の手足が曲がること。

緊張性迷路反射：

　うつ伏せでは身体や四肢が丸まりやすくなり、仰向けでは身体や四肢が伸びやすくなり背中が反る。

交叉性伸展反射：

　片足の足裏を刺激すると、反対側の下肢が伸展する。

吸啜反射：

　口の中に指を入れると強く吸い付く。

手掌把握反射：

　手掌に触れたものを振る。

探索反射：

　唇の周辺に何かが触れると、その方向に顔を向けて口を開ける。

2）医学的側面からの把握

既往・出生歴：

　出生月齢、出生時体重、出生時の状態、保育器の使用、生後哺乳力、生後4週間以内の疾患、障害の発見。

基本的な動作が可能になった時期：

　頸の座り、座位保持、寝返り、這う、立位保持、ひとり歩き、物の握り、物のつまみ、物の持ちかえ。

(9) 肢体不自由者である児童に対する教育を行う<u>特別支援学校</u>

「特別支援学校小学部・中学部新学習指導要領　各教科」

　　体験的な活動を通して言語概念等の形成を的確に図り、児童の障害の状態や発達の段階に応じた思考力、判断力、表現力等の育成に努めること。

　　児童の身体の動きの状態や認知の特性、各教科の内容の習得状況等を考慮して、指導内容を適切に設定し、重点を置く事項に時間を多く配当するなど計画的に指導すること。

　　児童の学習時の姿勢や認知の特性等に応じて、指導方法を工夫すること。

　　児童の身体の動きや意思の表出の状態等に応じて、適切な補助具や補助的手段を工夫するとともに、コンピュータ等の情報機器等を有効に活用し、指導の効果を高めるようにすること。

　　各教科の指導にあたっては、特に自立活動における時間の指導との密接な関連を保ち、学習効果を一層高めるようにすること。

(10) 特別支援学校の教育課程

　1) <u>単一障害</u>

　　　小・中・高等学校の<u>各教科を中心</u>とした教育課程。

　　　場合によっては各教科の目標や内容の一部を省くことができる。

　2) 学習が困難

　　　　小・中・高等学校の下学年・下学部の各教科を中心とした教育課程。

　　　　当該学年の下の学年・学部の目標・内容によって教育課程を編成。

　3) <u>知的障害を伴う</u>

　　　知的障害者の教育を行う<u>特別支援学校の教科・領域を中心</u>に置く。

　　　外国語活動や総合的な学習の時間を設けないことができる（小学部）。

　4) <u>障がいが重度</u>

　　　<u>自立活動を主とした教育課程</u>を編成する。

　　　総授業時数の半分を越える程度の時数を自立活動に充てられる。

　5) <u>進学が叶わない</u>

　　　教員が施設や病院等を訪問して教育する<u>訪問教育</u>を実施する。

（11）特別支援学級・通級による指導
  1）肢体不自由特別支援学級　　　4,000 人程度。2.0%。
　　　肢体不自由特別支援学級の対象となる障害の程度は、補装具によっても歩行や
筆記等日常生活における基本的な動作に軽度の困難がある程度のもの。
  2）通級による指導　　　　非常に少ない。
　　　通級による指導の対象となる肢体不自由の程度は、肢体不自由の程度が通常の
学級での学習におおむね参加でき、一部特別な教育を必要とする程度のもの。

（12）自立活動
 2015 年　国立特別支援教育総合研究所「特別支援教育の基礎・基本」

  1）
　　　日常生活に必要な動作の基本となる姿勢保持や上肢・下肢の運動・動作の改善およ
び習得、関節の拘縮や変形の予防、筋力の維持・強化を図ること等の基本技能に
関すること。
　　　全身または身体各部の緊張感が強すぎる場合は、その緊張を緩め、弱すぎる場合に
は適度な緊張感をつくりだせるような教育。
　　　補助的手段の活用に関する教育内容には、各種の補助用具の工夫とその使用法の
習得も含まれる。
　　　表現活動の豊かにするために、コンピュータの入力動作を助けるための補助用具
も重要なものである。
　　　食事、排泄、衣服の着脱、洗面、入浴等の身体処理および書字、描画等の学習の
ための動作等の基本動作を身に付ける。
　　　自力で身体の移動や歩行、歩行器や車いすによる移動等、日常生活に必要な移動能
力の向上を図ること。

  2）
　　　表情や身振り、各種の機器等を用いた意思のやりとり等、コミュニケーションに
必要な基礎的な能力を身に付ける。
　　　様々なコミュニケーション手段を選択・活用し、それぞれの実態に応じて、周囲と
の円滑なコミュニケーションができるようにする。
　　　コミュニケーションを通して、事物や現象、自己の行動等に対応した言語の概念の
形成を図り、体系的な言語を身に付ける。
　　　発音・発語に困難であり、文字の習得が十分でない場合には、具体物や写真、
絵カード、簡単な記号等を利用してコミュニケーションを図り、文字や語彙の習得を
促す。

話し言葉や各種の文字・記号、機器等のコミュニケーション手段を適切に選択・活用し、コミュニケーションが円滑にできるようにする。

3）専門家との連携

理学療法士：　実際の日常生活を促すための理学療法を実施。

作業療法士：　粗大運動や手指等の諸機能の回復・開発を促す。

言語聴覚士：　言葉によるコミュニケーションの改善を促す。

（13）補助用具・補助的手段・情報機器

1）補助用具・補助的手段

　　歩行の困難な者：つえ、車いす、歩行器等。

　　筆記の困難な者：筆記用自助具、筆記の代替をするコンピュータ、身体の動きの状態に対応した入出力機器等。

　　補助的手段の例として、身振り、コミュニケーションボードの活用等。

2）情報機器

　　肢体不自由者である児童生徒に対する情報機器を活用した教育においては、その機能の障害に応じて、適切な支援機器の適用と、きめ細かなフィッティングの努力が必要となる。

　　キーボードやマウス等の入力装置をそのまま活用できない場合には代替の入力機器を選択する。

　　　　障害の種別に応じた教育４：　病弱・身体虚弱、重複障害

1．今日の目標
（1）病弱・身体虚弱、重複障害に応じた教育について説明できる。

2．
（1）概念
　　病弱：　慢性疾患等のため継続して医療や生活規制を必要とする状態。
　　身体虚弱：　病気にかかりやすい継続して生活規制を必要とする状態。
　　生活規制：　健康状態の維持、改善等を図るために身体活動や食事等に特別な配慮を
　　　　　　　　すること。

（2）内訳
　　悪性新生物：　白血病、リンパ腫等。
　　慢性腎疾患：　ネフローゼ症候群、慢性糸球体腎炎等。
　　慢性呼吸器疾患：　気管支喘息、気管狭窄等。
　　慢性心疾患：　心房・心室中隔欠損、ファロー四徴症等。
　　内分泌疾患：　成長ホルモン分泌不全性低身長症等。
　　膠原病：　若年性特発性関節炎等。
　　糖尿病：　１型糖尿病、２型糖尿病等。
　　先天性代謝異常：　アミノ酸代謝異常等。
　　血友病等血液・免疫疾患：　血友病、慢性肉芽腫等。
　　神経・筋疾患：　ウエスト症候群、結節性硬化症等。
　　慢性消化器疾患：　胆道閉鎖症、先天性胆道拡張症等。

（3）主な疾病

「気管支喘息」
　　気管支平滑筋の収縮、粘膜の腫れ、分泌物の増加による痰の貯留等をきたし、発作性
に咳や喘鳴を伴う呼吸困難を繰り返す疾患。

「ネフローゼ症候群」
　　大量の蛋白尿により血清蛋白が減少する疾患で、むくみを認めることが多い。

「筋ジストロフィー」
　　筋肉が壊れていく遺伝性の疾患の総称で、症状は進行性の筋萎縮と筋力低下。
　　代表的な型が男子にだけ症状が出るでデュシェンヌ型である。

「白血病」
　　血液の製造所である骨髄で異常に未熟白血球が増殖し、その浸潤により、正常造血
機能の抑制をきたす。

「糖尿病」
　　インスリンの不足のため、ブドウ糖をカロリーとして細胞内に取り込むことができ
ない状態。

「血友病」
　　血液の凝固をつかさどる凝固因子を正常に作れない遺伝性の病気。出血するとなか
なか止まりにくい。

「二分脊椎症」
　　胎児の脊椎骨の形成が阻害され、脊椎管の後部が開いたままの状態となり、脊髄が
はみ出して腰部の瘤となって現れる。

「骨形成不全症」
　　全身の結合組織疾患であり、骨、歯、皮膚、じん帯、腱、筋膜、眼の強膜等に弱さが
みられる。

「ペルテス病」
　　大腿骨頭がつぶれた状態になり、股関節の疼痛と跛行を伴う。

「てんかん」
　　発作的に脳の神経細胞に異常な電気的興奮が起こり、その結果、意識、運動、感覚等
の突発的な異常をきたす。

「重症心身障害」

　　重度の知的障害と重度の肢体不自由を併せ有する障害であり、生活は全介助を必要
とする場合が多い。

「アトピー性皮膚炎」

　　かゆみのある湿疹が慢性的に持続する。

「肥満症」

　　身体脂肪が異常に増加した状態。軽度、中等度、高度肥満に区分される。

(4) 教育課程の編成
　1) 特別支援学校　　　　14,000 人程度、9.7%
　　学校教育法施行令第 22 条の 3
　　　慢性の呼吸器疾患、腎臓疾患および神経疾患、悪性新生物その他の疾患の状態が
　　継続して医療または生活規制を必要とする程度のもの。
　　　身体虚弱の状態が継続して生活規制を必要とする程度のもの。

　2) 教育課程
　　①類型
　　　小学校、中学校、高等学校の各教科に準ずる教育課程。
　　　小学校、中学校、高等学校の下学年・下学部の各教科を主とした教育課程。
　　　知的障害者の教育を行う特別支援学校の各教科や領域を中心とした教育課程。
　　　自立活動を主とした教育課程。
　　　教員が施設や病院等に訪問して教育する訪問教育の教育課程。
　　②特色
　　　通学することが難しい場合は、学習が遅れることのないように、病院に併設した
　　特別支援学校やその分校、または病院内にある学級に通学して学習を行う。
　　　自立活動の時間では、身体面の健康維持とともに、病気に対する不安感や自信の
　　喪失等に対するメンタル面の健康維持のための学習を行う。
　　　治療等で学習空白のある場合は、グループ学習や個別指導による授業を行う。
　　　通学が困難な子どもに対しては、必要に応じて病院や自宅等へ訪問して教育を行
　　う。

3) 特別支援学級
　①障害の程度
　　　慢性の呼吸器疾患その他疾患の状態が持続的または間欠的に医療または生活の管理を必要とする程度のもの。
　　　身体虚弱の状態が持続的に生活の管理を必要とする程度のもの。
　②種類
　　学校教育法第81条第3項
　　　　入院中の子どものために病院内に設置された学級と、小・中学校内に設置された学級がある。前者の学級のことを院内学級という。
　　　　小・中学校等では、疾病により療養中の児童および生徒に対して、特別支援学級を設け、または教員を派遣して、教育を行うことができる。

(5) 病弱者である児童に対する教育を行う特別支援学校
「特別支援学校小学部・中学部新学習指導要領　各教科」
　　個々の児童の学習状況や病気の状態、授業時数の制約等に応じて、指導内容を適切に精選し、基礎的・基本的な事項に重点を置くとともに、指導内容の連続性に配慮した工夫を行ったり、各教科等相互の関連を図ったりして、効果的な学習活動が展開できるようにすること。
　　健康状態の維持や管理、改善に関する内容の指導にあたっては、自己理解を深めながら学びに向かう力を高めるために、自立活動における指導との密接な関連を保ち学習効果を一層高めるようにすること。
　　体験的な活動を伴う内容の指導にあたっては、児童の病気の状態や学習環境に応じて、間接体験や疑似体験、仮想体験等を取り入れるなど、指導方法を工夫し、効果的な学習活動が展開できるようにすること。
　　児童の身体活動の制限や認知の特性、学習環境等に応じて、教材教具や入力支援機器、補助用具等を工夫するとともに、コンピュータ等の情報機器等を有効に活用し、指導の効果を高めるようにすること。
　　児童の病気の状態等を考慮し、学習活動が負担過重となるまたは必要以上に制限することがないようにすること。
　　病気のため、姿勢の保持や長時間の学習活動が困難な児童については、姿勢の変換や適切な休養の確保等に留意すること。

　　教材・教具の工夫
　　　体験不足：　視聴覚機器、視聴覚教材。
　　　登校不可：　テレビ会議システム等。

（6）自立活動

  1）内容

    ①原則

      大区分：　健康の保持、心理的な内容、人間関係の形成、環境の把握、

          身体の動き、コミュニケーション。　　　27の細目を設定。

      これらの中から必要な項目を選定し、相互に関連付け、具体的に教育内容を設定

    する。

    ②内容

      健康の保持と、心理的な安定の区分の内容が主とされる。

  2）教育内容

    ①健康の保持

      ⅰ自己の病気の症状の理解

        人体の構造と機能の知識・理解。

        病状や治療法等に関する知識・理解。

        感染防止や健康管理に関する知識・理解。

      ⅱ健康状態の維持・改善等に必要な生活様式の理解

        安静、静養、栄養、食事制限、運動量の制限等に関する知識・理解。

      ⅲ健康状態の維持・改善等に必要な生活習慣の確立

        食事、安静、運動、清潔、服薬等の生活習慣の形成および定着化。

      ⅳ諸活動による健康状態の維持・改善

        各種の身体活動による健康状態の維持・改善等。

    ②心理的な安定

      ⅰ病気の状態や入院等の環境に基づく心理的不適応の改善

        カウンセリング的活動や各種の心理療法的活動等による不安の軽減。

        安心して参加できる集団構成や活動等の工夫。

        場所や場面の変化による不安の軽減。

      ⅱ諸活動による情緒の安定

        各種の体育的活動、音楽的活動、造形的活動、創作的活動等による情緒不安定

    の改善。

      ⅲ病気の状態を克服する意欲の向上

        各種の身体活動等による意欲・積極性・忍耐力および集中力等の向上。

        各種造形的活動や持続的作業等による成就感の体得と自信の獲得。

（7）教育の実際

　1）配慮事項

　　①補助用具や補助的手段、コンピュータ等の活用

　　　　児童の身体活動や認知の特性、学習環境等に応じて、教材・教具や入力支援機器、補助用具等を工夫するとともに、コンピュータ等の情報機器等を有効に活用し、教育の効果を高めるようにすること。

　　　　入出力支援機器や電動車いす等の補助用具を活用したりする等して、学習に自主的に参加し、作業や操作等を行い学習効果が高められるよう教育することが大切である。

　　　　長期間の療養で体験が不足し、具体的な事物が理解できない場合には、視聴覚機器や視聴覚教材を効果的に使用したり、体調が悪く教室に登校できない場合には、テレビ会議システム等の情報通信ネットワークを活用したりするなど、療養中でも、可能な限り児童生徒が学習することができるよう工夫することが必要である。

　　②負担過重とならない学習活動

　　　　児童の病気の状態等を考慮し、学習活動が負担過重となるまたは必要以上に制限することがないようにすること。

　　　　心身症や精神疾患の児童生徒については、常に病気の状態を把握し、例えば、うつ状態の時は、過度なストレスとなるような課題を与えないなど、個々に応じた適切な対応を行う。

　　　　筋ジストロフィー等の児童生徒の学習に関しては、衝突や転倒による骨折の防止等に留意する。

　　　　アレルギー疾患のある児童生徒の学習に関しては、アレルゲンとなる物質を把握し、それらへの対応を適切に定める。特に、喘息の児童生徒の学習に関しては、換気など学習環境に十分に配慮する。

　　　　腎臓疾患や心臓疾患等の児童生徒の学習に際しては、活動量や活動時間および休憩の取り方を適切に定める。

　2）合理的配慮

　　①学習上または生活上の困難を改善・克服するための配慮

　　　　服薬管理や環境調整、病状に応じた対応等ができるよう教育を行う（服薬の意味と定期的な服薬の必要性の理解、指示された服薬量の徹底、眠気を伴い危険性が生じる等の薬の理解とその対応、必要に応じた休憩等の病状に応じた対策等。）。

②学習内容の変更・調整

　　病気により実施が困難な学習内容等について、主治医からの指導・助言や学校生活管理指導表に基づいた<u>変更・調整</u>を行う。（習熟度に応じた教材の準備、実技を実施可能なものに変更、入院等による学習空白を考慮した学習内容に変更・調整、アレルギー等のために使用できない教材を別の材料に変更等。）。

③情報・コミュニケーションおよび教材の配慮

　　病気のため移動範囲や活動量が制限されている場合に、ICT 等を活用し、<u>間接的な体験</u>や<u>他の人とのコミュニケーション</u>の機会を提供する。（手紙やメールの交換、テレビ会議システム等を活用したリアルタイムのコミュニケーション、インターネット等を活用した疑似体験等。）。

④学習機会や体験の確保

　　入院時の教育の機会や<u>短期間で入退院を繰り返す子どもの教育の機会を確保</u>する。その際、体験的な活動を通して概念形成を図るなど、入院による日常生活や集団生活等の体験不足を補うことができるように教育する。（視聴覚教材等の活用、ビニール手袋を着用して物に直接触れる等感染症対策を考慮した教育、テレビ会議システム等を活用した遠隔地の友だちと協働した取り組み等。）。

3.　　　　　　　　　　　　　4割程度。

（1）定義　　　1975 年　文部省報告、2009 年　特別支援学校学習指導要領

　複数の種類の障害を併せ有する幼児児童または生徒。

　　　<u>重度・重複障害者</u>：　　学校教育法施行令第 22 条の 2（現行の第 22 条の 3）に規定する障害を 2 つ以上併せ有する者。

　　　　　　　　　発達的側面からみて、<u>精神発達の遅れ</u>が著しく、ほとんど言語を持たず、<u>自他の意思の交換</u>および<u>環境への適応</u>が著しく困難な者。

　　　　　　　　　行動的側面からみて、破壊的行動、多動傾向、異常な習慣、自傷行為、自閉症、その他の問題行動が著しく、常時介護を必要とする程度の者。

（2）教育形態

　1）基本形態

　<u>特別支援学校</u>の重複障害学級で学ぶ場合。

　特別支援学校から家庭や病院、施設等へ教員が派遣され、<u>訪問教育</u>を受ける場合。

　小学校や中学校の<u>特別支援学級</u>で学ぶ場合。

2）施設等入所児

施設入所児のみを対象とした特別支援学校が施設に隣接されている場合。

施設内に特別支援学校の分校または分教室が設置されている場合。

特別支援学校から派遣された教員によって、施設内で訪問教育を行う場合。

施設から特別支援学校へ通学する場合。

(3) 介助・医療的ケア

1）嚥下機能とその障害

嚥下：　食べ物や飲み物を飲み込むこと。

誤嚥：　飲食物が食道ではなく気管に入ってしまうこと。肺炎が起こりうる。

　　　　誤嚥が多い場合、気管カニューレを気管内に挿入し、誤嚥を防止する。

2）医療的ケア

経管栄養：　体外から消化管にチューブを挿入し、そこから必要な栄養・水分を補給

　　　　　　する。鼻腔からチューブを挿入する方法を経鼻経管栄養という。

導尿：　カテーテルを尿道より挿入し、排尿させる。

(4) 教育課程

1）学校教育法施行規則

各教科を合わせた教育を行うことができる（第 130 条第 1 項）。

各教科等（各教科、特別の教科である道徳、外国語活動、特別活動および自立活動）
を合わせた教育を行うことができる（第 130 条第 2 項）。

特別の教育課程によることができる（第 131 条第 1 項）。

教育課程の改善のための研究を行う場合、学校教育法施行規則や学習指導要領に
よらない教育課程を編成することができる（第 132 条）。

特別支援学校または地域の特色を生かした特別の教育課程を編成することができる
（第 132 条の 2）。

2）特別支援学校における規定　　　　新学習指導要領「総則」

教科や外国語活動の目標や内容の一部を取り扱わないこと。

各教科の目標や内容の一部を、下学年のものと代替すること。

中学部の各教科の目標や内容の一部を、小学部のものと代替すること。

中学部の外国語科に、外国語活動の目標や内容の一部を取り入れること。

幼稚部の各領域のねらいや内容の一部を取り入れること。

知的障害を併せ有する者の場合、各教科の目標や内容の一部を、知的障害者の教育を行う特別支援学校のものと代替すること。その場合、小学部では外国語活動および総合的な学習の時間を、中学部では外国語科を設けないこと。

　　重複障害者のうち、障害の状態により特に必要がある場合、各教科、道徳、外国語活動もしくは特別活動の目標および内容に関する事項の一部または各教科、外国語活動もしくは総合的な学習の時間に替えて、自立活動を主として指導を行うこと。

　　訪問教育を行う場合、上記の諸規定に依拠することができる。

　　重複障害者、療養中の児童もしくは生徒または障害のため通学して教育を受けることが困難な児童もしくは生徒に対して教員を派遣して教育を行う場合について、特に必要があるときは、実情に応じた授業時数を適切に定めるものとする。

(5) 教育の実際

1) 医療的ケアを必要とする幼児児童生徒への対応　8,000 人、6.0 幼 3 小 10 中 6 高 3%
　　2011 年　文部科学省「特別支援学校等における医療的ケアへの今後の対応について」
　　　登録研修機関での研修を修了したことを都道府県知事に認定された者は、登録特定行為事業者において特定行為を実施できる。
　　　①口腔内の喀痰吸引　②鼻腔内の喀痰吸引　③気管カニューレ内部の喀痰吸引
④胃瘻または腸瘻による経管栄養　⑤経鼻経管栄養。

2) 特別支援学校における医療的ケア
　①基本的な考え方
　　　児童生徒等の状態に応じ看護師等により適切に実施すると共に、看護師等を中心に教員等が連携協力して特定行為にあたること。
　　　特別支援学校において認定特定行為業務従業者となる者は、医療安全を確実に確保するために、特定の児童生徒等との関係性が十分ある教員が望ましい。
　　　特別支援学校において学校長を中心に組織的な体制を整備すること。また、医師等、保護者等との連携協力の下に体制整備を図ること。
　②留意点
　　　口腔内および鼻腔内の喀痰吸引については、咽頭の手前まで限度とすること。
　　　気管カニューレ内の喀痰吸引については、カニューレより奥の吸引は、気管粘膜の損傷・出血等の危険性があることなどから、気管カニューレ内に限ること。
　　　経管栄養を実施する場合には、胃瘻・腸瘻の状態に問題がないことの確認は、看護師等が行うこと。

③場所

　始業から終業までの教育課程内における実施を基本とすること。

　遠足や社会見学等の校外学習における実施にあたっては、看護師等の対応を基本とすること。

　スクールバスの送迎において、乗車中に喀痰吸引が必要になる場合には、看護師等による対応が必要であること。

3）情報機器の活用

　2010 年　文部科学省「教育の情報化に関する手引」

　視覚障害と聴覚障害を併せ有する児童生徒がコミュニケーション手段として、指文字やビンディスプレイ等、触覚での情報を入手できる機器が有効。

　特別支援学校肢体不自由に在学する、知的障害を併せ有する児童生徒の教育には、（AAC, Augmentative and Alternative Communication 拡大代替コミュニケーション）の活用が効果的。

　知的障害を併せ有する児童生徒の場合、コミュニケーションを支援する VOCA や、簡単な操作で画面が切り替わったり、音が出たりするソフトウェアによるコンピュータ教材等を利用する。

障害の種別に応じた教育 5：　発達障害

1．今日の目標
（1）発達障害に応じた教育について説明できる。

2．発達障害
　2005 年　発達障害者支援法第 2 条第 1 項
　　発達障害：　自閉症、アスペルガー症候群その他の広汎性発達障害、学習障害、注意
　　　　　　　　欠陥多動性障害その他これに類する脳機能の障害であってその症状が通常
　　　　　　　　低年齢において発現するもの。　通常学級 6.5%、学習 4.5%、行動 3.6%

3．概念
（1）　　　　　　　　　障害 Learning Disabilities, LD
　1999 年　文部省「学習障害児に対する指導について」
　　①定義
　　　基本的には全般的な知的発達に遅れはないが、聞く、話す、読む、書く、計算する
　　または推論する能力のうち特定のものの習得と使用に著しい困難を示す様々な状態を
　　指す。その原因として、中枢神経系に何らかの機能障害があると推定されるが、視覚
　　障害、聴覚障害、知的障害、情緒障害等の障害や、環境的な要因が直接の原因となる
　　ものではない。
　　②基準
　　　知的能力（全般的な知的発達に遅れがない）。
　　　国語等の基礎的能力（基礎的能力のアンバランス）。
　　　医学的評価。
　　　他の障害や環境的要因が直接的原因でない。

（2）　　　　　　　　　　　　障害　Attention Deficit Hyperactivity Disorders, AD/HD
　2003 年　文部科学省「今後の特別支援教育の在り方について」
　　①定義
　　　年齢あるいは発達に不釣合いな注意力および・または衝動性、多動性を特徴とする
　　行動の障害で、社会的な活動や学業の機能に支障をきたすもの。7 歳以前に現れ、その
　　状態が継続し、中枢神経系に何らかの要因による機能不全があると推定される。

②基準

　不注意、多動性、衝動性に関する設問に該当する項目が多く、少なくとも、その状態が6ヶ月以上続いていること。

　不注意、多動性、衝動性のうちの幾つかが7歳以前に存在し、社会生活や学校生活を営むうえで支障がある。

　著しい不適応が学校や家庭等の複数の場面で認められる。

　知的障害（軽度を除く）、自閉症等が認められない。

(3) 　　　　　　　　　　　　　　　　　　障害　Autism Spectrum Disorder, ASD
　①定義

　社会的コミュニケーションの困難と、限定された反復的な行動や興味、活動が現れる。知的障害を伴う場合と伴わない場合がある。症状は、発達段階、年齢や環境等によって大きく変化する。

　アスペルガー症候群、高機能自閉症、早期幼児自閉症、小児自閉症、カナー型自閉症等が統合された。

　その状況に応じて支援を必要とし、その点では自閉症やアスペルガー症候群等と区分しなくてよいという意味と、自閉症やアスペルガー症候群等の広汎性発達障害の下位分類の状態はそれぞれ独立したものではなく状態像として連続している一つのものと考えることができるという二つの意味合いを含む概念。したがって、自閉症スペクトラム障害には下位分類がなく、自閉的な特徴のある子どもはすべて自閉症スペクトラム障害の診断名となる。

　②基準

　社会的なコミュニケーション（周囲にあまり興味をもたない、コミュニケーションを取るのが困難、集団になじむことが難しい、どのように・なぜといった説明が苦手等。）。

　限定的な行動・興味・反復行動（強いこだわりをもつ、臨機応変に対応することが苦手等。）。

　成人になってからの発症も許容。

4. 実態把握　　6.5%

(1) 基本方針

　2003年　文部科学省「今後の特別支援教育の在り方について」

　学校における実態把握については、担任教員等の気付きを促すことを目的とすることが重要である。

　障害種別を判断するのではなく、行動面や対人関係において特別な教育的支援の必要性を判断するための観点であることを認識する必要がある。

学校では、校内委員会を設置し、同委員会において、担任等の気付きや該当児童生徒にみられる様々な活動の実態を整理し、専門家チームで活用できるようにすることが求められる。

（2）LD

1999 年　文部省「学習障害児に対する指導について」報告

　1）特異な学習困難がある。

　　現在および過去の学習の記録等から、国語等の評価の観点の中に、著しい遅れを示すものが1以上あることを確認する。著しい遅れとは、児童生徒の学年に応じ1〜2学年以上の遅れがあることをいう。

　2）全般的な知的発達に遅れがない。

　　知能検査等で全般的な知的発達の遅れがないことを確認する。

　3）他の障害や環境的な要因が直接の原因ではない。

（3）AD/HD・ASD

　1）知的発達の状況

　2）教科教育における気付き

　　不注意な間違いをする。必要な物をよくなくす。教師の話や指示を聞いていないようにみえる等。

　　本人の興味ある特定分野の知識はおとな顔負けのものがある。自分の考えや気持ちを発表や作文で表現することが苦手である等。

　3）行動上の気付き

　　離席がある。椅子をガタガタさせる等落ち着きがないようにみえる、順番を待つのが難しい等。

　　学級の児童生徒全体への一斉の指示だけでは行動に移せないことがある、集団活動やグループでの学習を逸脱することがある等。

　4）コミュニケーションや言葉遣いにおける気付き

　　会話が一方通行で、応答にならないことが多い。丁寧すぎる言葉遣いをする。周囲に理解できないような言葉の使い方をする等。

　5）対人関係における気付き

　　邪魔をする、相手をけなす等、友だちから嫌われてしまうようなことをする。自分が非難されると過剰に反応する等。

　　友だちより教師と関係をとることを好む。友だちとの関係の作り方が下手である。休み時間に一人でいる等。

5. 教育の実際

(1) LD

1999 年　文部省「学習障害児に対する指導について」報告

特定の能力の困難に起因する教科学習の遅れを補う教科の教育が中心となる。

児童生徒の認知能力の特性や学習の仕方に配慮して個別に指導計画を設け、苦手な分野の学習にも長所を生かせるような教育が重要。

（教材の種類とその示し方、板書の仕方、ノートの取り方の教育等の工夫等。

読み書き計算と強い関係のある、文字、記号、図形の認知等に配慮した教育や手指の巧緻性を高める教育も有用。

書くことや計算することが特別に困難な場合には、ワープロやコンピュータあるいは電卓等本人が取り組みやすい機器等の併用が効果的。）。

(2) AD/HD

2003 年　文部科学省「今後の特別支援教育の在り方について」報告

1）教育方法

多動行動に対応するために、低学年段階からの適切な教育が重要。

生活技能（主として対人関係技能）を身に付けることが大切。

問題行動、非行等への配慮が必要。

自信回復や自尊心の確立、自分で自分の行動を振り返ったり、他者が自分をどうとらえているのかを理解したりすることも大切。

投薬の効果が認められる場合があることから医療との連携が重要。

2）配慮事項

叱責よりできたことを褒める。

行動観察から出現する傾向・共通性・メッセージを読み取る。

不適応を起こしている行動について、その児童生徒と一緒に解決の約束を決め、自力ですることと支援が必要な部分を明確にしておく。

グループ活動でのメンバー構成に配慮する。

刺激の少ない学習環境を設定する。

（3）ASD
　1）教育方法

　　光や音、身体接触等への刺激への過敏性があること、問題を全体的に理解することが不得意であること、過去の不快な体験を思い出してパニック等を起こすこと等の特性に対応することが大切。

　　2次的障害が顕著に現れる場合もあることから、特に思春期には丁寧な対応が必要。

　2）配慮事項

　　図形や文字による視覚的情報の理解能力が優れていることを活用。

　　学習環境を本人にわかりやすく整理し提示する等の構造化を図る。

　　問題行動への対応では、問題行動は表現方法の一つとして理解し、それを別の方法で表現することを教える。

　　情報の受け入れ方や信条の理解等において、障害のない者とは大きく異なることをふまえて対応する。

6．通級による指導　　　ほとんどの授業を通常の学級で。　　　約50％

　2006年　文部科学省「通級による指導の対象とすることが適当な自閉症者、情緒障害者、学習障害者または注意欠陥・多動性障害者に該当する児童生徒について」通知

（1）対象
　1）LD

　　全般的な知的発達に遅れはないが、聞く、話す、読む、書く、計算するまたは推論する能力のうち特定のものの習得と使用に著しい困難を示すもので。一部特別な教育を必要とする程度のもの。

　2）AD/HD

　　年齢または発達に不釣り合いな注意力または衝動性・多動性が認められ、社会的な活動や学業の機能に支障をきたすもので、一部特別な教育を必要とする程度のもの。

（2）留意事項
　1）教育課程
　　1993年　文部科学省告示第7号
　　　特別な教育課程によることができる。
　　　障害による学習上または生活上の困難の改善・克服を目的とする自立活動を中心とした教育と、各教科の補充教育を柱とする。

LD児とAD/HD児を対象とする場合、両者を合わせた教育時間の標準は年間<u>10〜280単位時間</u>。

2）留意事項

通級による指導を行うに際しては、必要に応じ、校長、教頭、<u>特別支援教育コーディネーター</u>、担任教員、その他必要と思われる者で構成する<u>校内委員会</u>において、その必要性を検討するとともに、（中略）各都道府県教育委員会等に設けられた<u>専門家チーム</u>や<u>巡回相談</u>等を活用すること。

通級による指導の対象とするか否かの判断にあたっては、医学的な診断の有無のみにとらわれることのないよう留意し、<u>総合的な見地</u>から判断すること。

学習障害または注意欠陥/多動性障害の児童生徒については，通級による指導の対象とするまでもなく、通常の学級における教員の適切な配慮や<u>ティーム・ティーチングの活用</u>、学習内容の習熟の程度に応じた教育の工夫等により、対応することが適切である者も多くみられることに十分留意すること。

7．支援

2005年　文部科学省「発達障害のある児童生徒等への支援について」通知

（1）教育委員会における専門家チームの設置および巡回相談の実施

都道府県および指定都市教育委員会において、学習障害等か否かの判断や望ましい教育的対応について、専門的な意見等を小学校等に提示する<u>専門家チーム</u>を設置する。

小学校等を巡回して教員等に指導内容や方法に関する指導や助言を行う<u>巡回相談</u>を実施する。

（2）校内の体制整備

小学校等においては、校長のリーダーシップの下、前項的な支援体制を確立するため、学習障害等の実施把握や支援方策の検討等を行う<u>校内委員会</u>を設置する。

関係機関との連絡調整や保護者の連絡窓口、校内委員会の推進役としてのコーディネーター的な役割を担う教員（<u>特別支援教育コーディネーター</u>）を指名し、これらを校務分掌に明確に位置付ける。

専：幼67.4%、小62.4%、中53.7%、高36.0%、計58.4%

巡：幼87.1%、小85.4%、中73.4%、高50.4%、計79.2%

（3）個別の指導計画および個別の教育支援計画の作成

　　小学校等においては、必要に応じ、個別の指導計画および個別の教育支援計画の作成を進めること。

8.　　　　　　　障害
（1）概念

　　主に心理的な要因によって情緒に混乱をきたし、社会的適応が困難な状態にあること。選択性緘黙、不登校、その他習癖の異常（常同行動、チック等）、行動の問題を伴う。

（2）選択性（場面）緘黙

　　発語発声器官に障害がないのに、心理的な要因により、音声や言葉が出ない状態。小・中学生の場合、特定の場面でしか言葉を発しない、選択性の緘黙が大半である。

（3）不登校

　　増加する傾向がある。きっかけは、不安、無気力、学校の人間関係が多い。

（4）教育課程

　1）特別支援学級　99,000 人、45.9%
　　2013 年　文部科学省「障害のある児童生徒等に対する早期からの一貫した支援について」通知
　　①程度
　　　自閉症またはそれに類するもので、他人との意思疎通および対人関係の形成が困難である程度のもの。
　　　主として心理的な要因による選択性緘黙等があるもので、社会生活への適応が困難である程度のもの。
　　②内容
　　　自閉症・情緒障害特別支援学級の主な目的は、自閉症や心理的要因による選択性緘黙等の適応困難を改善させることにある。
　　　そのために以下の教育を行う。
　　　　ⅰ日常生活習慣の形成のための教育
　　　　ⅱ運動機能、感覚機能を高めるための教育
　　　　ⅲ言葉の内容を理解するための教育
　　　　ⅳ人とのかかわりを深めるための教育

2）通級指導教室

①程度

自閉症またはそれに類するもので、通常の学級での学習におおむね参加でき、一部特別な教育を必要とする程度のもの。

主として心理的な要因による選択性緘黙等があるもので、通常の学級での学習におおむね参加でき、一部特別な教育を必要とする程度のもの。

②内容

ⅰ個別指導　15,000人、16.1%　　　11,000人、　12.0%

自閉症者：　教科学習、言葉やコミュニケーション等の知識・技能。

情緒障害者：　カウンセリング的な対応や心理的な安定の促進。

ⅱ集団指導

音楽等の諸活動を通した、基本的生活習慣の形成、遊びや対人関係、コミュニケーション等社会的適応力の育成。

ⅲ自立活動

人間関係の形成の区分の内容をコアにしたソーシャル・スキル・トレーニング（SST）等を実施する。

ⅳ教科の補充教育

教科の補充教育は、障害の状態に応じた特別の教育を意味する。

認知能力を高める内容（弁別、対応、仲間集め、言葉やしぐさ、状況の説明）、会話の伸長を図るための内容（音声模倣、発声発語）の教育に留意する。

障害のある子どものアセスメント：　検査、教育方法

1．今日の目標
（1）障害のある子どものアセスメントについて説明できる。

2．制度
（1）幼児健康診査
　　母子保健法第 12 条
　　　幼児（満 1 歳から小学校就学の始期に達するまでの者）については以下の審査の実施が市町村等に義務付けられる。
　　　身体発育状況、栄養状態、脊柱および胸郭の疾病および異常、皮膚の疾病、歯および口腔の疾病および異常、四肢運動障害、精神発達の状況、言語障害、予防接種の実施状況、育児上の問題となる事項、眼の疾病および異常（3 歳児のみ）、耳、鼻および咽頭の疾病および異常（3 歳児のみ）に関する検査を実施。

　　1）1 歳 6 ヶ月児健康診査
　　　満 1 歳 6 ヶ月～2 歳未満を対象とする。
　　　運動機能、視聴覚等の障害、精神発達の遅滞等、障害のある幼児を早期に発見し適切な指導を行い障害の進行を防止する。

　　2）3 歳児健康審査
　　　満 3 歳～4 歳未満を対象とする。
　　　視覚、聴覚、運動、発達等の障害、その他疾病および異常を早期に発見し、適切な指導を行い障害の進行を防止する。

（2）就学時の健康診断
　　学校保健安全法第 11 条
　　　市町村教育委員会は、就学時の健康診断を実施しなければならない。
　　1）概要
　　　対象は小学校等への就学予定者。
　　　目的は小学校等への初めての就学にあたって、治療の勧告、保護上必要な助言、適性な就学を図る。

2) 項目

学校保健安全法施行令第2条

　栄養状態、脊柱および胸郭の疾病および異常、視力および聴力、眼の疾病および異常、耳鼻咽頭疾患および皮膚疾患、歯および口腔の疾病および異常、その他の疾病および異常。

3) 対応

　市町村教育委員会は、担当医師および歯科医師の所見にてらして、治療を勧告し、保健上必要な助言を行う。

　義務教育の就学の猶予・免除、または特別支援学校への就学に関する指導を行う等、適切な措置をとる（就学指導）。

(3) 主な機関

市町村保健センター：　住民に対する健康相談、保健指導、健康審査その他地域保健に関して必要な事業を行う。

保健所：　児童福祉および母子保健や身体障害者等の福祉の分野で大きな役割を果たしている。

福祉事務所：　福祉六法に定める援護、育成、更生の措置を担当している。

児童相談所：　児童に関する様々な相談に応じ、児童や保護者に対して、必要な指導や児童福祉施設入所等の措置を行う。

児童福祉施設：　乳幼児健康診査等において障害が発見された後の対応として、その後に専門的な療育や相談が行われる場。

発達障害者支援センター：　地域における発達障害に対する地理組を総合的に行う拠点として、設置されている。

ハローワーク：　障害者の態様や職業適性等に応じて求職から就職後のアフターケアに至るまでの一貫した職業紹介・指導等を実施。

地域障害者職業センター：　障害のある人の職業リハビリテーションを専門的かつ総合的に実施。

3．検査

(1) 視覚検査

　視力、視野、屈折および色覚等の視機能がどのような状態にあるかを判断するための検査。

　日本では、3歳児健康診査や就学時健康診断ならびに就学後の定期健康診断において視力検査が実施されている。

結果は、A 群（矯正視力 1.0 以上）、B 群（1.0 未満 0.7 以上）、C 群（0.7 未満 0.3 以上）、D 群（0.3 未満）の 4 群に分けて示される。

　C 群と D 群は、眼科での精密検査を受けるように指導される。

　1）　　　　検査

　　視力は空間における 2 点を分離して認め得る視角で計測される。

　　視角とは眼と対象の 2 点を結ぶ 2 本の線でつくられる角度のこと。

　　視角が 1 分（1 度の 60 分の 1）の場合、視力が 1.0 となる。

　　外径 7.5mm、切れ目幅 1.5mm のランドルト環を 5m の距離から識別できる場合、視角が 1 分となるので視力 1.0 とみなされる。

　　5m の距離から識別できるランドルト環の大きさ（視標）に応じて、視力が計測される。

　　3 回のうち 2 回を正答した場合、当該の視標に対応する視力値とみなす。

　　視力 0.1 に対応するランドルト環を識別できない場合、被験者に近づいてもらう。

　　3m の距離にした場合、視力は 0.1 ×（3/5）＝ 0.06 となる。

　2）　　　　検査

　　視野の周辺部を測る周辺視野検査と、視野の中心部を測る中心視野検査がある。

　　視野の大きさや明るさを変えて視野を測る量的視野検査もある。量的視野検査には、ゴールドマン視野計を使う動的視野検査と、ハンフリー自動視野計を使う静的視野検査がある。

　3）その他

　　屈折検査：　近視等の屈折異常の有無と程度を調べる。

　　色覚検査：　色を識別する視機能を調べる。

　　光覚検査：　暗順応の視機能について調べる。

　　調節検査：　調節力の機能を調べる。

　　眼位検査：　斜視や斜位の有無と種類を調べる。

　　眼球運動検査：　眼の運動の異常の有無と種類を調べる。

（2）聴覚検査

　1）純音聴力検査

　　純音の最小可聴音を求める検査。

　　平均聴力を測定したり、聴力による難聴の程度を分けたりする。

2）語音聴力検査
　　語音聴取閾値：　数字のリストをいろいろな音の強さで聞かせ、正答率がどれほどか
　　　　　　　　　　を測定する。
　　語音識別能力：　単音リストをいろいろな音の強さで聞かせ、正答率がどれほどかを
　　　　　　　　　　測る。

3）乳幼児聴力検査
　　聴性反応を視標とした聴力検査が実施される。
　　振音や社会音を聞かせて反応を観察（BOA）、音を聞いて生じる脳波の変化を観察
　（ABR）、楽しい音源の方向に降る無垢かどうかを観察（COR）等。

(3) 言語検査
　1）構音障害
　　①選別検査
　　　短時間に構音障害の有無を判別する検査。就学時健康診断において実施。「ことば
　　のテストえほん」等を使用。
　　②予測検査
　　　子どもの構音の誤りの1〜2年後を予測し、その時点での指導が必要であるかを
　　判断する。
　　③診断検査
　　　構音障害が疑われる児童生徒の構音の状態を詳しく検査する。構音の状態を把握
　　する検査、聴覚的弁別能力、発語器官、その他の検査を実施する。

　2）吃音
　　種類、頻度、一貫性、適応性を調べる。ジャックと豆の木の文章により検査。
　　心理面の検査も併行して実施する。

　3）ITPA 言語学習能力診断検査（3歳〜10歳未満）
　　イリノイ大学のカークが考案。
　　回路（聴覚、音声・視覚、運動）、過程（受容、連合、表現）、水準（表象、自動）の
　　3次元を組み合わせた10の下位検査からなる。

　4）その他
　　「絵画語彙発達検査（PVT）」（3歳〜10歳）
　　　4コマの絵から検査者のいう単語にふさわしい絵を選択させる。
　　　語彙年齢と評価年齢を算出。

「S-S 法言語発達遅滞検査」（1 歳〜6 歳）
　　言語の記号形式、指示内容関係の段階に即した一貫した評価が可能。
　　言語発達遅滞児の指導方針の樹立に寄与。

「乳幼児のコミュニケーション発達アセスメント（ASC）」（2 歳程度まで）
　　伝達機能（要求伝達系、相互伝達系）と音声言語（音声言語理解、、音声言語
　表出）の 4 つの側面から評価。

「言語・コミュニケーション発達スケール」（0 歳〜6 歳）
　　言語表出、言語理解、コミュニケーションの 3 つの側面から評価。
　　LC 発達年齢と発達指数を算出。

「TK 式言語発達診断検査」（幼児〜小学校低学年）
　　語彙、発音、音韻分類および読字の 4 つの側面から言葉の発達を診断。
　　文字を教えてよいか否かを判断。

（4）知能検査
「WISC-IV知能検査」（5 歳〜16 歳）
　　Wechsier Intelligence Scale for Children の略。ウェクスラーが開発した児童用の知能
検査。
　　基本検査として、言語理解（類似、単語、理解）、知覚推理（積木模様、絵の概念、
行列推理）、ワーキングメモリー（数唱、語音整列）、処理速度（符号、記号探し）の 10
検査を設定。
　　補助検査として、言語理解（知識、語の推理）、知覚推理（絵の完成）、ワーキング
メモリー（算数）、処理速度（絵の抹消）の 5 検査を設定。
　　基本検査の 10 の検査から、全検査 IQ（FSIQ）と、言語理解指標（VCI）、知覚推理
指標（PRI）、ワーキングメモリー指標（WMI）、処理速度指標（PSI）の 4 つの指標
得点が算出される。

「K-ABCⅡ心理・教育アセスメントバッテリー」（2 歳 6 ヶ月〜18 歳 11 ヶ月）
　　カウマン夫妻が開発。
　　認知処理と習得度を分けて評価。

認知尺度：　継次尺度（数唱、語の配列、手の動作）
　　　　　　　　同時尺度（顔さがし、絵の統合、近道さがし、模様の構成）
　　　　　　　　計画尺度（物語の完成、パターン推理）
　　　　　　　　学習尺度（語の学習、語の学習遅延）
　　習得尺度：　語彙尺度（表現語彙、なぞなぞ、理解語彙）
　　　　　　　　算数尺度（数的推論、計算）
　　　　　　　　読み書き尺度（言葉の読み、言葉の書き、分の理解、文の構成）

「田中ビネー知能検査Ⅴ」（2歳～成人）

　　それぞれの年齢段階に応じた検査項目から精神年齢（MA）が出され、それを生活
年齢（CA）と対比し、知能指数（IQ）が出される。　　IQ＝（MA/CA）×100
　　14歳以上の場合、精神年齢を出さず、偏差知能指数（DIQ）を採用。
　　1階級以下の発達を捉える指標も設定。

「グッドイナフ人物画知能検査」（3歳～9歳）

　　グッドイナフが考案した、人物画により知能検査である。
　　人物像の部分、人物像の部分の比率、人物像や部分の明細化の程度を点数化し、対象
者の精神年齢を算出。
　　動作性の発達検査。

（5）発達検査
　　乳幼児の発達をいくつかの領域ごとに観察し、発達の様相を把握する。
　　精密検査の必要の有無を判断するスクリーニングと、運動・言語・社会性の領域にかか
わる発達の様相を診断する発達診断の2種類の目的を有する。

「遠城寺式・乳幼児分析的発達検査法」（0歳～4歳）

　　運動、社会性、言語の3領域ごとに乳幼児の発達を評価。各領域の発達年齢を算出。

「新版K式発達検査」（0歳～成人）

　　姿勢・運動、認知・適応、言語・社会の3領域から構成。領域別と総合の発達年齢と
発達指数を算定。

「津守式乳幼児精神発達診断検査」（0歳〜6歳）
　　運動、探索・操作、社会、生活習慣、理解・言語の5領域からなる。領域別の発達
　年齢を発達輪郭表に記す。

「日本版デンバー式発達スクリーニング検査」（0歳〜6歳）
　　個人-社会、微細運動-適応、言語、粗大運動の4領域からなる。異常、疑問、正常、
　不能により評定。

「KIDS乳幼児発達スケール」（0歳〜6歳）
　　運動、操作、理解言語、表出言語、概念、対子どもと社会性等、9領域からなる。
　領域別と総合の発達年齢と発達指数を算定。

「日本版ミラー式幼児発達スクリーニング検査」（2歳〜6歳）
　　発達障害児の早期発見を目的とした検査。言語指標検査等、発達全般に関わる26の
　評価項目からなる。

「S-M社会生活能力検査」（1歳〜3歳）
　　身辺自立、移動等の6領域から社会生活能力を測定。社会生活年齢と社会生活指数
　を算出。

「絵画語彙発達検査」（3歳〜10歳）
　　語彙理解力を測定するための検査。語彙年齢と評価点が出されそれをもとに語彙
　理解力の発達水準を評価。

「ムーブメント教育・療育プログラムアセスメント（MEPA-R）」（0〜72ヶ月）
　　子どもの発達を運動-感覚、言語、社会性の3分野の6領域にわたって評価。各分野・
　領域ごとに発達年齢を算出。

「フロスティッグ視知覚発達検査」（4歳〜7歳）
　　視覚と運動の協応、図形と素地、形の向上性等、5つの下位検査からなる。各検査に
　て知覚年齢と知覚指数を算出。

「自閉症・発達障害児教育診断検査（PEP-R）」（0歳〜12歳）
　　発達指数を7領域、行動特徴を4領域で診断し、領域ごとの発達得点と総合得点を
　算出。

「精研式 CLAC-Ⅱ」（2歳〜12歳）

　自閉症児の行動特徴を多面的に評価。食習慣、排泄、着衣等に関わる尺度と、身だしなみ等に関わる自由記述項目を設定。

「精研式 CLAC-Ⅲ」（3歳〜12歳）

　自閉症児の行動療法の方針立案が目的。生活習慣や学習態勢等に関わる尺度と問題行動等に関わる自由記述項目を設定。

(6) 性格検査

　1) 分類

　　作業法：　特定の作業を課し、その結果や反応様式を手掛かりに性格特性を把握しようという方法。被験者にテストの意味や意図がわかりにくいので、反応が意識的に歪曲されることが少なくなる。

　　投影法：　曖昧な刺激に対する反応をもとに、性格特性を把握しようとする方法。個人の性格特性が反映されるであろうという前提に立つ。

　　質問紙法：　質問を盛り込んだ質問師を配布し、回答してもらう方法。幾つかの選択肢を設けて、該当するものに○をつけてもらう形式がとられる。

　　描画法：　被験者が描いた絵画から、性格特性を推し測る方法。

　2) 投影法による性格検査

　　「P-F スタディ」（4歳〜14歳）

　　　ローゼンツワイクが考案。

　　　欲求不満を呈している人物を含む絵を提示し、当該の人物の立場になって応答させる。

　　「主題統覚検査（TAT）」（5歳〜成人）

　　　絵を提示してその絵に関する物語をつくらせ、それをもとに性格特性を把握する。

　　「文章完成テスト（SCT）」（8歳〜12歳）

　　　未完成の文章を提示し、それを自由に完成させるもの。

　　「ロールシャッハ・テスト」（5歳〜成人）

　　　左右対称の図版を提示し、それに対する反応の形式や内容を分析することにより、対象者の性格を把握。

3）その他

①作業法

　内田・プレペリン検査：

②質問紙法

　矢田部・ギルフォード性格検査：

　ミネソタ多面人格目録：

　モーズレイ性格検査：

③描画法

　HTP テスト：

　バウム・テスト：

　動的家族描画法：

4.　教育方法

（1）　　　　　　　能力

「ムーブメント教育」

　　子どもが自分の身体を動かすことで、感覚や運動技能を取する。フロスティックが考案。

「作業療法」

　　作業活動を通して障害の軽減や社会生活への適応力の向上を図り自立へとつなげる。OT と略称。

「理学療法」

　　電気刺激を加える等の物理的集団により、基本的動作能力を高める。身体に障害のある者が対象。PT と略称される。

「リトミック教育」

　　音楽と身体活動を融合させることで、リズム感覚を育む。ダルクローズが考案。

「動作法」

　　脳性まひ児の訓練法。子どもが身体を動かす時の心的過程を援助。成瀬悟策が考案。

(2) 　　　　　　　　　　　　　　能力

「感覚統合法」
　　運動遊具を用いた活動によって、自発的な適応反応を高める。発達障害児を対象。
　エアーズが考案。

「拡大代替コミュニケーション（AAC）」
　　話し言葉の補助や代わりをする手段を用いたコミュニケーション。AAC と略称される。
　る。

「ソーシャルスキルトレーニング」
　　社会生活を営むのに必要な技能を高める。Social Skills Training の頭文字をとって、
　SST と略記。

「TEACCH プログラム」
　　コミュニケーションに障害をもつ子どもの治療プログラム。ショプラーが考案。

「言語聴覚療法」
　　言語能力や聴覚能力の向上により、コミュニケーション能力を高める。Speech
　Therapy を略して ST という。

「応用行動分析」
　　強化や反応形成（シェイピング）によって知識や技能をつけさせる。主に自閉症児を
　対象。

「PECS」
　　絵カードを交換することでコミュニケーションを図る。アンディ・ボンディらが
　考案。AAC の一種でもある。

(3) 　　　　　障害

「マカトン法」
　　手話を使ったコミュニケーション。手指によるサイン（マカトンサイン）と話し言葉
　を併用。

「インリアルアプローチ」

　　言語発達に遅れある子どもへの働き掛け、関わるおとなの姿勢を重視。リタ・ワイズが考案。

「スピーチカウンセリング」

　　カウンセラーの言語的コミュニケーションを通した言語面での適応上の課題を克服。

（4）その他

「箱庭療法」

　　箱庭の内部にミニチュアの世界をつくらせ、それをもとに、対象者の無意識の世界を推し測る。ローエンフェルドが考案。

「ポーテージプログラム」

　　子どもの発達に応じた個別プログラム。0〜6際の乳幼児が対象。家庭での指導が中心。

5. 障害ごとの支援
　2008 年　文部科学省・厚生労働省「障害のある子どものための地域における相談支援体制整備ガイドライン（試案)」
（1）視覚障害
　先天性の場合、視覚にとる外界認知が困難な全盲や、明暗の区別がつく程度の視力の乳児については、授乳期に母親等と視線が合わなかったり、光に敏感に反応しなかったりという日常的な行動観察によって、早期に障害に気付くことが多い。

（2）聴覚障害
　音声に対する反応が不十分であることに保護者が気付いたり、乳幼児健康審査で判明したりするのが一般的。

　新生児聴覚スクリーニング検査の実施により、生後間もない時期（1 週間〜数週間程度）に聴覚障害が指摘されることもある。
　聴覚障害の発見後の関連機関としては、医療機関（再検査等を実施する病院で確定診断）、難聴幼児通園施設が挙げられる。

（3）言語障害

　口蓋裂のように、生後すぐに医療を必要とする場合や、吃音・構音障害のように、3～5歳頃になると障害の状態が顕著になる場合がある。

（4）知的障害

　2～3歳頃に、言語発達の遅れから保護者が気付いたり、乳幼児健康診査で言語発達が遅いことが分かったりするなどの後、児童相談所における判定や医療機関における診断により、知的障害があることが判明することが多い。

　出生前に染色体異常（ダウン症候群等）や、遺伝的疾患による知的障害が推定されることもある。

　知的障害がある幼児は、児童相談所での療育手帳の公布や保健所等での相談が実施され、その後、知的障害児通園施設等で対応される。

（5）肢体不自由

　多くの肢体不自由のある子どもの場合、病院から保健所に連絡が行き、保健師による支援が開始される。

　健康診断時の所見等から、医師や保健師から肢体不自由児通園施設が紹介され、早期からの療育が始まる。

（6）病弱・身体虚弱

　小児期に発症する慢性疾患は、病院等で発見され、必要な対応がなされることが多い。

　保健所では、長期に療養が必要となる疾患のある子どもへの生活面での教育や養育上の支援を行っている。

（7）重複障害

　新生児医療の進歩により、超未熟児や重篤な疾患のある新生児の救命率が高くなり、新生児早期から重度・重複障害のある子どもが増加。

　多くの子どもは、呼吸や栄養が安定し、家庭での育児が可能となれば退院するが、医療機関で治療を継続しながら、早期療育を受ける。

（8）発達障害

　LD に関しては、お絵かきや文字の読み等が求められる場面になってから発見につながることが多い。

　AD/HD に関しては、幼稚園や保育園に入ってから行動面で目立ち発見につながることが多い。

自閉症に関しては、1歳6ヶ月児健診、3歳児健診等で発見がなされることが多いが、知的な遅れのないタイプ等については、単発での健診では発見が難しい。

（9）情緒障害
　新生児医療の進歩により、超未熟児や重篤な疾患のある新生児の救命率が高くなり、呼吸や栄養が安定し、家庭での育児が可能となれば退院するが、医療機関で治療を継続しながら、早期療育を受ける。

「特別支援教育」第 15 講

まとめと評価

第1回　課題用紙

番号：　　　　　　　　　　　　　氏名：

第 2 回　課題用紙

番号：　　　　　　　　　　　　　　氏名：

番号：

第 3 回　課題用紙

番号：　　　　　　　　　　氏名：

第 4 回　課題用紙

番号：　　　　　　　　　　　氏名：

第 5 回　課題用紙

番号：　　　　　　　　　　氏名：

第 6 回　課題用紙

番号：　　　　　　　　　　　　　　氏名：

第 7 回　課題用紙

番号：　　　　　　　　　　氏名：

第 8 回　課題用紙

番号：　　　　　　　　　　　　氏名：

第 9 回　課題用紙

番号：　　　　　　　　　　　　氏名：

第 10 回　課題用紙

番号：　　　　　　　　　　　　氏名：

第 11 回　課題用紙

番号：　　　　　　　　　　　　氏名：

第 12 回　課題用紙

番号：　　　　　　　　　　　　氏名：

第 13 回　課題用紙

番号：　　　　　　　　　　　　　　氏名：

第 14 回　課題用紙

番号：　　　　　　　　　　　氏名：

第 15 回　課題用紙

番号：　　　　　　　　　　　　氏名：

【著者紹介】

山本智子　YAMAMOTO, Tomoko.

国立音楽大学音楽学部　准教授　博士（子ども学）.

教職課程.

キャリアコンサルタント.

早稲田大学大学院文学研究科人文科学専攻博士後期課程　単位取得退学.

白梅学園大学大学院子ども学研究科博士課程　学位取得退学.

専門は、特別支援教育学，キャリア教育学，病児保育学，健康科学，小児保健学.

　主な著書に、共著『教師と学生が知っておくべき特別支援教育』（北樹出版），共編著『乳児保育の基礎と実践』，共編著『よくわかる障害児保育』（大学図書出版），単著『病児保育』（開成出版），単著『子どもの保健』（北樹出版），単著『子どもの健康と安全』（開成出版），単著『子どもが医療に参加する権利』（講談社），共著『生命・人間・教育（埼玉学園大学研究叢書第 14 巻)』（明石書店），他.

特別支援教育　講義ノート

2020 年 4 月 1 日　第 1 版第 1 刷発行 ©

著　者　　山本　智子

発行者　　早川　偉久

発行所　　開成出版株式会社

　　　　　〒101-0052　東京都千代田区神田小川町 3 丁目 26 番 14 号

　　　　　TEL. 03-5217-0155　FAX. 03-5217-0156

ISBN978-4-87603-527-4　C3037